3 fach
Wirtschaft

Differenzierungsmaterial auf drei Niveaustufen
Kopiervorlagen

Arbeit, Verbraucherbildung und Nachhaltigkeit

Erarbeitet von
Dietmar Krafft , Heinrich Meyer, Silke Meyer,
Denis Mujkanovic, Melanie Spiller

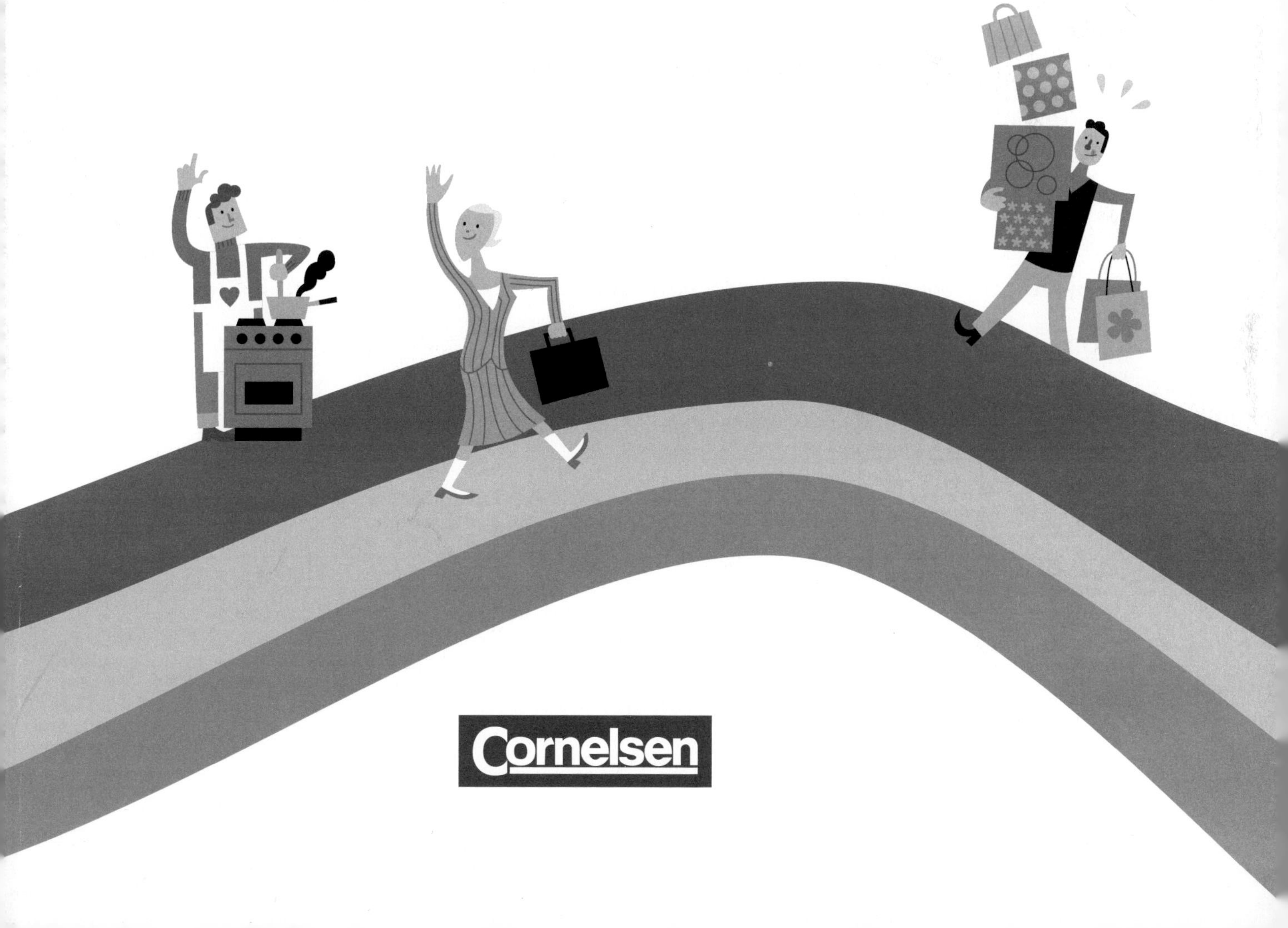

Cornelsen

Inhaltsverzeichnis

Copy 1: Erwerbstätige befragen 3

Copy 2: Arbeitsplatzerkundung im Dienstleistungsbereich 6

Copy 3: Entwicklung der Teilzeit- und Vollzeitarbeit 9

Copy 4: Verteilung der Hausarbeit in der Familie – Wirklichkeit und Wünsche 12

Copy 5: Hausarbeit oder Erwerbsarbeit? 15

Copy 6: Arbeitsplätze im Haushalt – Art und Bedeutung der Arbeit 18

Copy 7: Karikaturen analysieren: Probleme der Arbeitsteilung der Geschlechter 21

Copy 8: Das Ehrenamt – Bedeutung in eurem Wohnort 24

Copy 9: Eingliederung von Migranten und Flüchtlingen 27

Copy 10: Warum haben wir uns so verschuldet? 30

Copy 11: Ist die unterschiedliche Höhe des Einkommens gerecht? 33

Copy 12: Konsumausgaben der privaten Haushalte 36

Copy 13: Mit dem Einkommen auskommen – ein Kreuzworträtsel 39

Copy 14: Menschen haben verschiedene Bedürfnisse 42

Copy 15: Von Bedürfnissen zum Bedarf, von der Nachfrage zum Kauf 45

Copy 16: Ökologisch und preisbewusst einkaufen 48

Copy 17: Wirtschaftlich handeln nach dem ökonomischen Prinzip 54

Copy 18: Wirtschaftlich, ökologisch und nachhaltig handeln 57

Copy 19: Kaufgespräche einschätzen 63

Copy 20: Der Platz der Waren im Supermarkt 66

Copy 21: Wie schätzt du die Werbeabbildungen ein? 69

Copy 22: Werbung mal anders 72

Copy 23: Rechtsfähigkeit und Geschäftsfähigkeit 75

Copy 24: Gewährleistung, Kulanz oder Garantie? 78

Copy 25: Welche Möglichkeiten haben Verbraucher im Geschäftsalltag? 81

Copy 26: Probleme bei Kaufentscheidungen 84

Copy 27: Nachhaltige Kaufentscheidungen 87

Copy 28: Welche Einkaufsstätten sind für meinen Kauf vorteilhaft? 93

Copy 29: Wie Preise entstehen 99

Copy 30: Bargeldloser Zahlungsverkehr 102

Copy 31: Funktionsweise moderner Zahlungssysteme 105

Copy 32: Beliebte Geldanlagen 108

Copy 33: Wie kann ich Energie und Wasser sparen? 114

Klasse: _____   Datum: _____   Name: _____

Erwerbstätige befragen: Art, Zufriedenheit mit der Arbeit und Gründe für die Arbeit

1. *Befrage eine Erwerbstätige oder einen Erwerbstätigen am Arbeitsplatz (Einverständnis einholen) oder zu Hause. Nutze dafür evtl. deinen Freundeskreis oder Bekanntenkreis.*

2. *Schreibe die Ergebnisse in Stichworten auf.*

3. *Fasse deine Ergebnisse später in ganzen Sätzen auf einem Extrablatt zusammen.*

4. *Beschreibe, was dich an diesem Arbeitsplatz interessiert.*

5. *Beschreibe, was du weniger schätzt.*

---

a   Was tun Sie bei Ihrer Arbeit?

_____

_____

b   Was müssen Sie dabei besonders können?

_____

_____

c   Was hat sich bei der Arbeit in letzter Zeit verändert?

_____

_____

d1 Was finden Sie gut an der Arbeit?

_____

_____

d2 Was schätzen Sie eher belastend ein?

_____

_____

e   Warum sind Sie hier erwerbstätig?

_____

_____

Autor/in: Heinrich Meyer, Silke Meyer

Klasse: _____ Datum: _____ Name: _____

Erwerbstätige befragen: Art, Zufriedenheit mit der Arbeit und Gründe für die Arbeit

1. *Befrage eine Erwerbstätige oder einen Erwerbstätigen am Arbeitsplatz (vorher Einverständnis einholen) oder zu Hause zu den Punkten a – e. Nutze dafür evtl. den Freundes- oder Bekanntenkreis.*

2. *Schreibe die Ergebnisse in Stichworten auf. Erstelle daraus später auf einem Extrablatt ein knappes Protokoll in ganzen Sätzen.*

3. *Beschreibe, was dich an diesem Arbeitsplatz interessiert und was du weniger schätzt.*

---

a   Bitte erklären Sie mir die Arbeit, die Sie ausführen.

_____

_____

_____

b   Wie können Sie sich bei der Arbeit mit ihren Fähigkeiten einbringen?

_____

_____

c   Was hat sich bei der Arbeit in letzter Zeit verändert? Was bedeutete das für Sie?

_____

_____

_____

d   Wie zufrieden sind Sie mit der Arbeit? Welche Gründe hat das?

_____

_____

e   Warum sind Sie hier erwerbstätig?

_____

_____

_____

Klasse: _____ Datum: _____ Name: _____

Erwerbstätige befragen: Art, Zufriedenheit mit der Arbeit und Gründe für die Arbeit

1. *Befrage eine Erwerbstätige oder einen Erwerbstätigen am Arbeitsplatz (vorher Einverständnis einholen) oder zu Hause zu den Punkten a – e. Nutze dafür evtl. den Freundes- oder Bekanntenkreis.*

2. *Halte die Ergebnisse in Stichworten fest. Erstelle daraus später ein Informationsblatt oder ein Poster, mit dem die Ergebnisse anderen präsentiert werden können.*

3. *Begründe, was dich an der Arbeit interessiert und nicht interessiert.*

a   Bitte erklären Sie mir die Arbeit, die Sie ausführen.

_____

_____

_____

b   Wie können Sie sich bei der Arbeit mit ihren Fähigkeiten einbringen?

_____

_____

c   Was hat sich in letzter Zeit verändert? War dafür eine Weiterbildung wichtig? Wenn ja, welcher Art?

_____

_____

_____

d   Wie zufrieden sind Sie mit der Arbeit? Welche Gründe hat das?

_____

_____

e   Warum sind Sie hier erwerbstätig? Welche beruflichen Wünsche haben Sie?

_____

_____

_____

Autor/in: Heinrich Meyer, Silke Meyer

Klasse: _____ Datum: _____ Name: _____

Arbeitsplatzerkundung im Dienstleistungsbereich

Beobachtungs- und Befragungsbogen

Tipps zur Durchführung
- Hole das Einverständnis für die geplante Arbeitsplatzerkundung ein.
- Beobachte die Durchführung der Arbeit.
- Beantworte die Fragen.
- Notiere deine Ergebnisse in Stichworten.
- Wenn du etwas nicht verstehst, frage nach.

1. a) *Welche Dienstleistungen[1] werden am Arbeitsplatz erbracht?*

_____

    b) *Beschreibe den Kontakt zum Kunden, Gast oder Patienten.*

_____

2. *Benenne, welche Werkzeuge und Arbeitsmaterialien genutzt werden.*

_____

3. *Erkläre, bei welchen Tätigkeiten Zusammenarbeit erforderlich ist.*

_____

4. a) *Bei welchen Tätigkeiten arbeiten die Erwerbstätigen selbstständig?*

_____

    b) *Bei welchen Tätigkeiten gibt der Vorgesetzte Anweisungen?*

_____

5. *Notiere Anforderungen der Arbeit.*

körperliche/sachliche Fähigkeiten: _____

persönliche Fähigkeiten: _____

6. *Schätze ein, was an der Arbeit …*

Freude bereiten kann: _____

belastend sein kann: _____

---

1 **Dienstleistungen:** *personenbezogene* wie Haarschnitt, Pflege im Altenheim, Beratung im Restaurant; *sachbezogene* wie Reifenwechsel; *beratungsbezogene* wie Verbraucherberatung.

Klasse: _____ Datum: _____ Name: _____

Arbeitsplatzerkundung im Dienstleistungsbereich

Beobachtungs- und Befragungsbogen

– Hole das Einverständnis für die geplante Arbeitsplatzerkundung ein.
– Beobachte die Durchführung der Arbeit. Berücksichtige die Fragen 1–8.
– Notiere deine Ergebnisse in Stichworten während der Erkundung.
– Wenn du etwas nicht verstehst, frage nach. Störe dabei nicht den Arbeitsablauf.

1. a) *Welche Dienstleistungen[1] werden erbracht?*

_____

 b) *Welche Bedeutung hat dabei der Kontakt zum Kunden, Gast oder Patienten?*

_____

2. *Erkläre, wenn eine Zusammenarbeit erfolgt, warum diese erfolgt.*

_____

_____

3. *Wie selbstständig wird gearbeitet? Welche Arbeit erfolgt auf Anweisung? Begründe.*

_____

_____

4. *Welche Bedeutung für die Arbeit haben Zeitvorgaben? Begründe.*

_____

_____

5. *Welche Anforderungen stellt die Arbeit?*

körperliche und sachliche Fähigkeiten: _____

soziale, persönliche und kommunikative Fähigkeiten: _____

6. *Was kann an der Arbeit …*

*erfüllend sein und Freude bereiten?*_____

belastend sein? _____

7. *Halte für eine erkundete Arbeit die Abfolge der Arbeitsschritte fest. Begründe.*
    Nutze bei Bedarf die Rückseite des Blattes.

_____

---

1 **Dienstleistungen:** *personenbezogene* wie Haarschnitt, Pflege im Altenheim, Beratung im Restaurant; *sachbezogene* wie Reifenwechsel; *beratungsbezogene* wie Verbraucherberatung.

Autor/in: Heinrich Meyer, Silke Meyer

Klasse: _____ Datum: _____ Name: _____

Arbeitsplatzerkundung im Dienstleistungsbereich

Beobachtungs- und Befragungsbogen

- Hole das Einverständnis für die geplante Arbeitsplatzerkundung ein.
- Beobachte die Durchführung der Arbeit. Berücksichtige die Fragen 1–8.
- Notiere deine Ergebnisse in Stichworten während der Erkundung.
- Wenn du etwas nicht verstehst, frage nach. Störe dabei nicht den Arbeitsablauf.

1. *Welche Dienstleistungen[1] werden erbracht?*
Welche Bedeutung hat dabei der Kontakt zum Kunden, Gast oder Patienten?

_____

2. *Welche Dinge, wie Räume, Werkzeuge, Arbeitsmaterialien, werden genutzt?*

_____

3. *Begründe, bei welchen Tätigkeiten Zusammenarbeit erforderlich ist?*

_____

4. *Wie selbstständig wird gearbeitet? Welche Arbeit erfolgt nach Anweisung?*
Nenne dafür Gründe.

_____

5. *Welche Bedeutung für die Arbeit haben Zeitvorgaben?*

_____

6. *Welche Anforderungen stellt die Arbeit?*

körperliche und sachliche Fähigkeiten: _____

soziale, persönliche und kommunikative Fähigkeiten: _____

7. *Was kann an der Arbeit …*

*erfüllend sein und Freude bereiten?*_____

belastend sein? _____

8. *Halte für eine erkundete Arbeit die Arbeitsschritte fest. Nutze bei Bedarf die Rückseite des Blattes.*

_____

---

1 **Dienstleistungen:** *personenbezogene* wie Haarschnitt, Pflege im Altenheim, Beratung im Restaurant; *sachbezogene* wie Reifenwechsel; *beratungsbezogene* wie Verbraucherberatung.

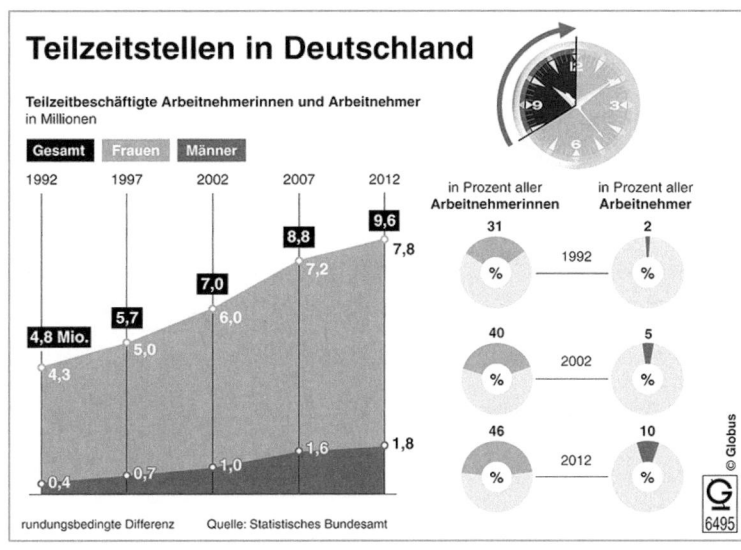

Klasse: _____ Datum: _____ Name: _____

Entwicklung der Teilzeitarbeit und der Vollzeitarbeit

1. *Nimm Stellung zu den Meinungen von Anton, Lisa und Sarah.*

2. *Begründe deine Aussagen. Nutze die Grafik.*

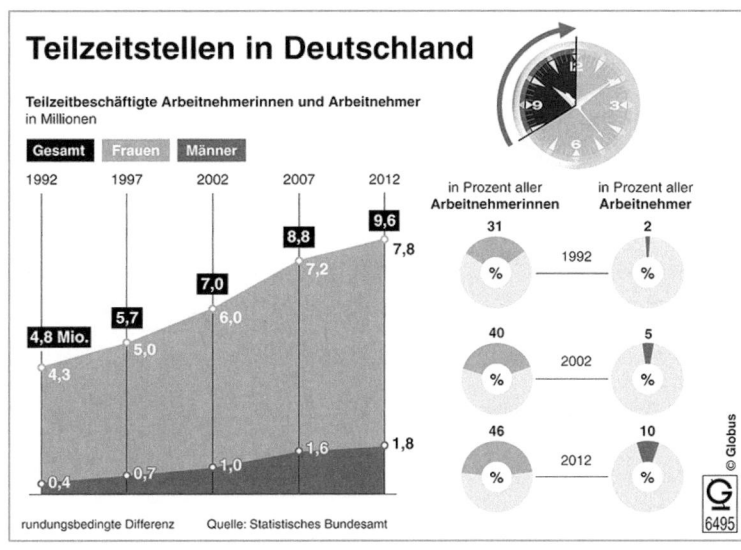

Anton: „Von 1992 bis 2012 hat sich der Anteil der Männer stark erhöht, die in Teilzeit arbeiten. Er beträgt mehr als viermal so viel."

Antons Meinung ist .... richtig ☐ falsch ☐

Begründe deine Einschätzung.

_____

_____

Lisa: „Der Anteil der in Teilzeit beschäftigten Frauen hat sich in der Zeit von 1992 bis 2012 verdoppelt."

Lisas Meinung ist .... richtig ☐ falsch ☐

Begründe durch Vergleich der Zahlen.

_____

_____

_____

Sarah: „Man sieht, dass Männer im Vergleich zu Frauen nur wenige Teilzeitarbeitsplätze besetzen. Im Jahre 2012 waren es nur 10 Prozent aller Arbeitnehmer. Bei den Arbeitnehmerinnen war der Anteil 46 Prozent."

Sarahs Meinung ist .... richtig ☐ falsch ☐

Begründe Sarahs Aussage.

_____

_____

_____

Autor/in: Heinrich Meyer, Silke Meyer

Klasse: _____ Datum: _____ Name: _____

Entwicklung der Teilzeitarbeit und der Vollzeitarbeit

1. *Beurteile die folgenden drei Meinungen und begründe dein Urteil. Nutze dazu die Grafik und die Tabelle.*

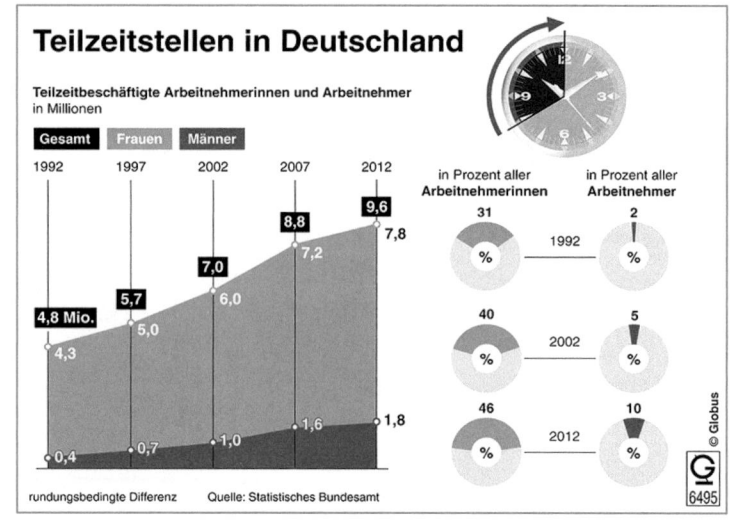

Wer arbeitet Teilzeit?		
	Väter	Mütter
Vollzeit	94	31
Teilzeit	6	69

Angaben in %, 2012, Erwerbstätige Eltern mit jüngstem Kind unter 18 Jahren

Quelle: Statistisches Bundesamt

Anton: „Von 1992 bis 2012 hat sich der Anteil der in Teilzeit beschäftigten Männer um mehr als 300 % erhöht."

Antons Meinung ist .... richtig ☐   falsch ☐

Begründe:

_____

_____

_____

Lisa: „Der Anteil der in Teilzeit beschäftigten Frauen hat sich in der Zeit von 1992 bis 2012 um 81,4 % erhöht."

Lisas Meinung ist .... richtig ☐   falsch ☐

Begründe:

_____

_____

Sarah: „Man sieht, dass Männer/Väter nur wenige Teilzeitarbeitsplätze besetzen. Im Jahre 2012 waren es nur 10 % aller erwerbstätigen Männer und nur 6 % der Väter mit minderjährigen Kindern. Bei Frauen/Müttern waren die Anteile 46 % und 69 %."

Sarahs Meinung ist .... richtig ☐   falsch ☐

Begründe:

_____

_____

_____

Klasse: _____ Datum: _____ Name: _____

Entwicklung der Teilzeitarbeit und der Vollzeitarbeit

1. *Beurteile die Meinungen und begründe dein Urteil. Nutze die Grafik und die Tabelle.*

Wer arbeitet Teilzeit?		
	Väter	Mütter
Vollzeit	94	31
Teilzeit	6	69

Angaben in %, 2012, Erwerbstätige Eltern mit jüngstem Kind unter 18 Jahren

Quelle Statistisches Bundesamt

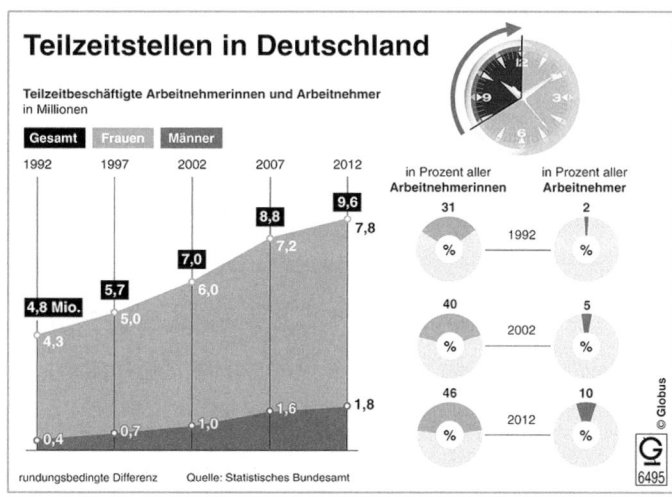

Anton: „Von 1992 bis 2012 hat sich der Anteil der in Teilzeit beschäftigten Männer um mehr als 300 % erhöht, bei den Frauen waren es mehr als 80 %. Damit führen die Männer!"

Antons Meinung ist .... richtig ☐ falsch ☐

Begründe:

_____

Sarah: „Man sieht, dass Männer/Väter nur wenige Teilzeitarbeitsplätze besetzen. Im Jahre 2012 waren es nur 10 % aller erwerbstätigen Männer und nur 6 % der Väter mit minderjährigen Kindern. Bei Frauen/Müttern waren die Anteile 46 % und 69 %."

Lisas Meinung ist .... richtig ☐ falsch ☐

Begründe:

_____

_____

_____

Jonas: „Man sieht gleich, dass Frauen gerne Teilzeitarbeit machen. Frauen sind von Natur aus mehr an Hausarbeit und Kindererziehung interessiert. Das gilt trotz Elterngeld[1] für Väter und Mütter und dem Ausbau der Kitas."

Jonas Meinung ist .... richtig ☐ falsch ☐

Begründe:

_____

_____

_____

1 wird gezahlt bis zu 14 Monate bei Unterbrechung oder Reduktion der Erwerbsarbeit. Höhe bis zu 2/3 des Verdienstes.

 Copy 3

Klasse: _____ Datum: _____ Name: _____

Verteilung der Hausarbeit in der Familie – Wirklichkeit und Wünsche

1. *Befrage die Mutter und den Vater einer bekannten Familie mit mindestens einem Kind getrennt voneinander. Du brauchst für jede Person einen eigenen Fragebogen*
Tipps zur Befragung:
  – Sage ihnen, dass du nicht ihren Namen angibst. Die Befragung ist anonym.
  – Bitte den Vater / die Mutter das anzukreuzen, was der Arbeitsteilung im Familien-
    haushalt entspricht.

2. *Vergleiche dein Ergebnis mit den Fragebögen deiner Mitschülerinnen und Mitschüler.*

3. *Stelle Kriterien zur Auswertung zusammen, zum Beispiel Unterschiede zwischen Müttern und Vätern, Gemeinsamkeiten zwischen Müttern und Vätern.*

	meistens Mutter	meistens Vater	Mutter/Vater gleich viel	teilweise Kind/Kinder
1 Wäsche waschen				
2 Kochen				
3 Staub saugen				
4 Lebensmittel einkaufen				
5 Mit den Kindern Hausaufgaben machen				
6 Den Kindern Kleidung kaufen				
7 Mülleimer leeren				
8 Bankgeschäfte erledigen				
9 Auto pflegen				
10 Fahrrad putzen				
11 Mit den Lehrkräften in der Schule sprechen				
12 Backen				
13 Über die Höhe des Taschengeldes für die Kinder entscheiden				
14 Konflikte in der Familie schlichten				
15 Urlaubsreisen planen				
16 Gartenarbeit erledigen				
17 Technische Geräte reparieren				
18 Putzen				
19 Kinder trösten, wenn sie traurig sind				
20 Computer, Internet und Software einrichten				

 Copy 4

Klasse: _____ Datum: _____ Name: _____

Verteilung der Hausarbeit in der Familie – Wirklichkeit und Wünsche

1. *Befrage die Mutter und den Vater einer bekannten Familie unabhängig voneinander. Du brauchst für jede Person einen eigenen Fragebogen*
Tipps zur Befragung:
- Sage ihnen, dass du nicht ihren Namen angibst. Die Befragung ist anonym.
- Bitte den Vater und die Mutter das anzukreuzen, was der Arbeitsteilung im Haushalt entspricht.
- Bitte den Vater und die Mutter jeweils rechts das anzukreuzen, was sie oder er sich wünschen.

2. *Vergleiche dein Ergebnis mit den Fragebögen deiner Mitschülerinnen und Mitschüler.*

3. *Stelle Kriterien zur Auswertung zusammen, zum Beispiel größte wahrgenommene Abweichungen; Muster der Rollenwahrnehmung von Müttern und Vätern.*

		meistens Mutter	meistens Vater	Mutter/Vater gleich viel	teilweise Kind/Kinder	Wünsche
1	Wäsche waschen					
2	Kochen					
3	Staub saugen					
4	Lebensmittel einkaufen					
5	Mit den Kindern Hausaufgaben machen					
6	Den Kindern Kleidung kaufen					
7	Mülleimer leeren					
8	Bankgeschäfte erledigen					
9	Auto pflegen					
10	Fahrrad putzen					
11	Mit den Lehrkräften in der Schule sprechen					
12	Backen					
13	Über die Höhe des Taschengeldes für die Kinder entscheiden					
14	Konflikte in der Familie schlichten					
15	Urlaubsreisen planen					
16	Gartenarbeit erledigen					
17	Technische Geräte reparieren					
18	Putzen					
19	Kinder trösten, wenn sie traurig sind					
20	Computer, Internet und Software einrichten					

Autor/in: Heinrich Meyer, Silke Meyer

Klasse: _____ Datum: _____ Name: _____

Verteilung der Hausarbeit in der Familie – Wirklichkeit und Wünsche

1. *Befrage die Mutter und den Vater einer bekannten Familie unabhängig voneinander. Du brauchst für jede Person einen eigenen Fragebogen.*
Tipps zur Befragung:
  – *Sage ihnen, dass du nicht ihren Namen angibst. Die Befragung ist anonym.*
  – *Bitte den Vater und die Mutter das anzukreuzen, wie es der Arbeitsteilung im Haushalt entspricht.*
  – *Bitte den Vater und die Mutter jeweils rechts das anzukreuzen, was sie oder er sich wünschen.*
  – *Erbitte Daten dazu, in welchem Maße die Befragten Erwerbsarbeit leisten.*

2. *Vergleiche deine Ergebnisse mit denen deiner Mitschülerinnen und Mitschüler.*

3. *Stelle Kriterien zur Auswertung zusammen, wie*
  – *starke Abweichungen und überwiegende Gemeinsamkeiten zwischen Müttern und Vätern*
  – *Bezüge zwischen Belastung mit Erwerbsarbeit und Anteil an der Hausarbeit*

4. *Wie sollte nach Deiner Meinung die Arbeit im Haushalt verteilt werden? Begründe.*

		meistens Mutter	meistens Vater	Mutter/Vater gleich viel	teilweise Kind/Kinder	Wünsche
1	Wäsche waschen					
2	Kochen					
3	Staub saugen					
4	Lebensmittel einkaufen					
5	Mit den Kindern Hausaufgaben machen					
6	Den Kindern Kleidung kaufen					
7	Mülleimer leeren					
8	Bankgeschäfte erledigen					
9	Auto pflegen					
10	Fahrrad putzen					
11	Mit den Lehrkräften in der Schule sprechen					
12	Backen					
13	Über die Höhe des Taschengeldes für die Kinder entscheiden					
14	Konflikte in der Familie schlichten					
15	Urlaubsreisen planen					
16	Gartenarbeit erledigen					
17	Technische Geräte reparieren					
18	Putzen					
19	Kinder trösten, wenn sie traurig sind					
20	Computer, Internet und Software einrichten					

Klasse: _____ Datum: _____ Name: _____

Hausarbeit oder Erwerbsarbeit?

Wie sich ähnliche Arbeitsinhalte unterscheiden können

> **Rita:** „Ich habe gestern Frau Reinke, meiner Nachbarin, einen neuen Verband gemacht. Sie hat sich vor Tagen die Hand verletzt. Anschließend haben wir ein Stündchen miteinander geplaudert. Sie war richtig froh darüber."

> **Elke:** „Die Wunde heilt schon gut. Der Verband ist nun wieder frisch, Frau Röder. Ich verschreibe noch eine Salbe, die vom nächsten Verbandswechsel an verwendet werden muss. Die weitere Wundbehandlung übernimmt Ihr Pflegedienst."

> **Karin:** „Ich habe gestern Frau Schulte die Hand neu verbunden. Sie hatte sich in der letzten Woche verletzt. Ich hätte noch gerne mit ihr geplaudert, aber dafür hatte ich nur wenig Zeit. Ich musste noch zu zwei weiteren Frauen fahren."

1. *Die drei Frauen verrichten Arbeit als* **Hausfrau, Altenpflegerin** *und* **Ärztin.** *Ordne ihre Arbeit der* **Hausarbeit** *oder der* **Erwerbsarbeit** *zu. Begründe.*

	Art der Arbeit	Hausarbeit oder Erwerbsarbeit ?	Begründung
Rita			weil …
Karin			weil …
Elke			weil …

2. *Wie unterscheidet sich die bei der Arbeit eingesetzte Zeit?*

_____

_____

_____

3. *Wie unterscheidet sich die Arbeit der Frauen?*

_____

_____

_____

_____

_____

Autor/in: Heinrich Meyer, Silke Meyer

Klasse: _____ Datum: _____ Name: _____

Hausarbeit oder Erwerbsarbeit?

Wie sich ähnliche Arbeitsinhalte unterscheiden können

> **Rita:** „Ich habe gestern Frau Reinke, meiner Nachbarin, einen neuen Verband gemacht. Sie hat sich vor Tagen die Hand verletzt. Anschließend haben wir ein Stündchen miteinander geplaudert."

> **Elke:** „Die Wunde heilt schon gut. Der Verband ist nun wieder frisch, Frau Röder. Ich verschreibe noch eine Salbe, die vom nächsten Verbandswechsel an verwendet werden muss. Die weitere Wundbehandlung übernimmt Ihr Pflegedienst."

> **Karin:** „Ich habe gestern Frau Schulte die Hand neu verbunden. Sie hatte sich in der letzten Woche verletzt. Ich hätte noch gerne mit ihr geplaudert, aber dafür hatte ich nur wenig Zeit. Ich musste noch zu zwei weiteren Frauen fahren."

1. *Die drei Frauen verrichten Arbeit als **Hausfrau, Altenpflegerin** und **Ärztin**. Ordne ihre Arbeit der **Hausarbeit** oder der **Erwerbsarbeit** zu. Begründe.*

	Art der Arbeit	Hausarbeit oder Erwerbsarbeit ?	Begründung
Rita			weil
Karin			weil
Elke			weil

2. *Wie unterscheiden sich die Arbeiten der drei Frauen? Berücksichtige dabei Zeitvorgaben, Ausbildung und Bezahlung.*

_____

_____

_____

_____

_____

_____

_____

_____

Klasse: _____ Datum: _____ Name: _____

Hausarbeit oder Erwerbsarbeit?

Wie sich ähnliche Arbeitsinhalte unterscheiden können

> **Rita:** „Ich habe gestern Frau Reinke, meiner Nachbarin, einen neuen Verband gemacht. Sie hat sich vor Tagen die Hand verletzt. Anschließend haben wir ein Stündchen miteinander geplaudert."

> **Elke:** „Die Wunde heilt schon gut. Der Verband ist nun wieder frisch, Frau Röder. Ich verschreibe noch eine Salbe, die vom nächsten Verbandswechsel an verwendet werden muss. Die weitere Wundbehandlung übernimmt Ihr Pflegedienst."

> **Karin:** „Ich habe gestern Frau Schulte die Hand neu verbunden. Sie hatte sich in der letzten Woche verletzt. Ich hätte noch gerne mit ihr geplaudert, aber dafür hatte ich nur wenig Zeit. Ich musste noch zu zwei weiteren Frauen fahren."

1. *Die drei Frauen verrichten Arbeit als **Hausfrau, Altenpflegerin** und **Ärztin**. Ordne ihre Arbeit der **Hausarbeit** oder der **Erwerbsarbeit** zu. Begründe.*

	Art der Arbeit	Hausarbeit oder Erwerbsarbeit ?	Begründung
Rita			weil
Karin			weil
Elke			weil

2. *Wie unterscheiden sich die Arbeiten? Berücksichtige dabei Zeitvorgaben und Ausbildung.*

_____

_____

_____

_____

_____

_____

_____

3. *Wie schätzt Du Nachbarschaftshilfe in einer Gesellschaft ein, die älter wird? Begründe.*

_____

_____

_____

_____

Klasse: _____ Datum: _____ Name: _____

Arbeitsplätze im Haushalt – Art und Bedeutung der Arbeit

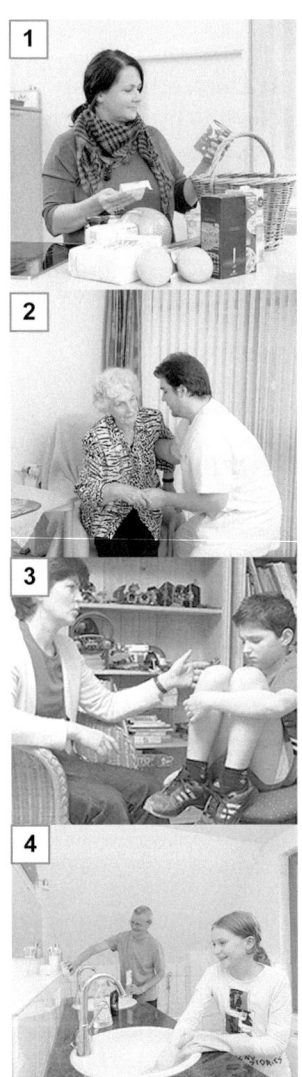

1. *Beschreibe, welche Arbeit auf den Fotos verrichtet wird.*

_____

_____

_____

_____

_____

_____

_____

_____

_____

_____

_____

_____

_____

_____

2. *Benenne eine weitere Arbeit im Haushalt und beschreibe sie in ganzen Sätzen.*

_____

_____

_____

3. *Wähle einen Arbeitsplatz im Haushalt aus, der dir besonders wichtig ist und begründe dieses.*

_____

_____

_____

Klasse: _____ Datum: _____ Name: _____

Arbeitsplätze im Haushalt – Art und Bedeutung der Arbeit

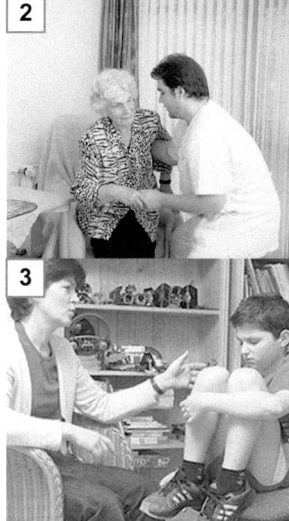

1. *Beschreibe, welche Arbeit auf den Fotos verrichtet wird und welche Bedeutung diese für die Haushaltsmitglieder haben kann.*

_____

_____

_____

_____

_____

_____

_____

_____

_____

_____

_____

2. *Benenne zwei weitere Arbeiten im Haushalt und begründe die Bedeutung in ganzen Sätzen.*

_____

_____

_____

3. *Wähle zwei Arbeitsplätze im Haushalt aus, die dir besonders wichtig sind. Begründe.*

_____

_____

_____

Autor/in: Heinrich Meyer, Silke Meyer; Bildquelle: Peter Wirtz

Klasse: _____ Datum: _____ Name: _____

Arbeitsplätze im Haushalt – Art und Bedeutung der Arbeit

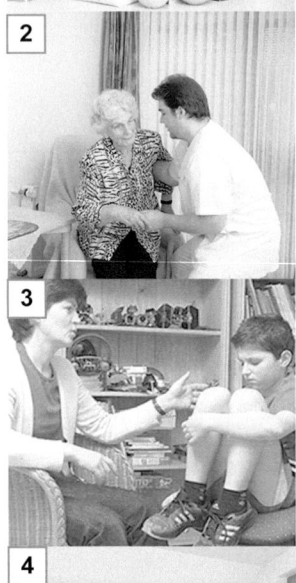

1. *Erkläre, welche Arbeit auf den Fotos verrichtet wird und welche Bedeutung diese für die Haushaltsmitglieder haben kann.*

_____

_____

_____

_____

_____

_____

_____

_____

_____

_____

_____

_____

_____

_____

2. *Benenne vier weitere Arbeiten im Haushalt und begründe die Bedeutung in ganzen Sätzen. Nutze bei Bedarf die Rückseite des Blattes.*

_____

_____

_____

3. *Wähle je eine Tätigkeit im Haushalt aus folgenden drei Bereichen aus, die dir besonders wichtig ist und erkläre Deine Wahl: a) Versorgung, b) Betreuung, c) Reinigung. Nutze bei Bedarf die Rückseite des Blattes.*

_____

_____

Klasse: _____ Datum: _____ Name: _____

Karikaturen analysieren: Probleme der Arbeitsteilung der Geschlechter

Was wollen Karikaturen?
Karikaturen wollen Verhalten von Personen und Ereignisse kritisch darstellen. Dadurch soll ein Problem offen gelegt und beurteilbar werden. Der Betrachter soll angeregt werden, sich damit zu befassen. Bei Karikaturen wird für die Darstellung u. a. genutzt:
– Übertreibung z. B. persönlicher Eigenschaften
– Verzerrung, Spott und Parteinahme
– Vereinfachung, Vergleich, damit das Problem durchschaubar wird

1. *Notiere Ideen und Gedanken, die du mit der Darstellung verbindest.*

_____

_____

_____

_____

2. *Benenne, was abgebildet ist.*

_____

_____

_____

3. *Beschreibe, was die Gegenstände, Personen und der Text bedeuten.*

_____

_____

_____

4. *Was ist das Thema der Karikatur und was sagt der Karikaturist darüber aus?*

_____

_____

5. *Wie schätzt du das gezeigte Verhalten ein? Was sollte sich daran ändern?*

_____

_____

Autor/in: Heinrich Meyer, Silke Meyer; Bildquelle: Fotolia.com © Schwarwel

Klasse: _____ Datum: _____ Name: _____

Karikaturen analysieren: Probleme der Arbeitsteilung der Geschlechter

---

Was wollen Karikaturen?
Karikaturen wollen Sachverhalte, Verhalten von Personen und Ereignisse kritisch darstellen, ein Problem offen legen und beurteilen. Der Betrachter soll angeregt werden, sich mit dem Sachverhalt auseinanderzusetzen. Karikaturen nutzen für die Darstellung u. a.:
- Übertreibung, z. B. persönlicher Eigenschaften
- Verzerrung, Spott zur Provokation und Parteinahme
- Vereinfachung, Vergleich zur Förderung der Durchschaubarkeit

---

1. *Notiere Ideen und Gedanken, die du mit der Darstellung und dem Text verbindest.*

_____

_____

_____

_____

2. *Benenne, was abgebildet ist.*

_____

_____

_____

3. *Beschreibe, was die Gegenstände, Personen und der Text bedeuten.*

_____

_____

_____

4. *Auf welche Situation, welchen Sachverhalt bezieht sich die Karikatur?*
Was ist das Thema und was sagt der Karikaturist darüber aus?
Nutze für deine weiteren Antworten (Fragen 4–6) die Rückseite des Blattes.

_____

_____

5. *Wie schätzt du das gezeigte Verhalten ein?*

_____

6. *Kennzeichne Aspekte eines partnerschaftlichen Verhaltens.*

_____

Klasse: _____ Datum: _____ Name: _____

Karikaturen analysieren: Probleme der Arbeitsteilung der Geschlechter

Was wollen Karikaturen?
Mit Karikaturen sollen Sachverhalte, Verhalten von Personen und Ereignisse kritisch darstellen. Ein Problem soll offengelegt und beurteilbar werden. Der Betrachter soll angeregt werden, sich mit dem Sachverhalt auseinanderzusetzen.
Karikaturisten nutzen für die Darstellung u. a.:
– Übertreibung, z. B. persönlicher Eigenschaften
– Verzerrung, wie Spott zur Provokation und Parteinahme
– Vereinfachung, Vergleich zur Förderung der Durchschaubarkeit
– Übertragung auf andere Zusammenhänge, hier u. a. andere Aspekte des Verhaltens

1. *Notiere Ideen und Gedanken, die du mit der Darstellung und dem Text verbindest.*

_____

_____

_____

_____

2. *Beschreibe, was abgebildet ist und erkläre, was die Gegenstände, Personen und der Text bedeuten.*

_____

_____

_____

3. *Auf welche Situation, welchen Sachverhalt bezieht sich die Karikatur?*
Was ist das Thema und was sagt der Karikaturist darüber aus?
Nutze für deine weiteren Antworten (Fragen 3 bis 6) die Rückseite des Blattes.

_____

4. *Wie schätzt du das gezeigte Verhalten ein?*

_____

5. *Kennzeichne Aspekte eines partnerschaftlichen Verhaltens.*

_____

6. *Welche Grenzen sind für die Darstellung bei Karikaturen einzuhalten?*

_____

Autor/in: Heinrich Meyer, Silke Meyer; Bildquelle: Fotolia.com © Schwarwel

Von dieser Druckvorlage ist die Vervielfältigung für den eigenen Unterrichtsgebrauch gestattet. Für inhaltliche Veränderungen und Bearbeitungen durch Dritte übernimmt der Verlag keine Verantwortung.

Klasse: _____ Datum: _____ Name: _____

Das Ehrenamt – Bedeutung in eurem Wohnort

1. *Nenne in der Grafik aufgeführte Organisationen, die du kennst.*
Tipp: Notiere bei den Aufgaben 1.–4. die Nummer der Organisation[1].

_____

_____

_____

2. *Welche gibt es in deinem Wohnort?*

_____

_____

3. *Nenne für drei dir wichtige Organisationen Aufgaben. Für wen sind diese?*

a) _____

_____

b) _____

_____

c) _____

_____

Ehrenamtlich engagiert

28 Prozent der Bundesbürger (über 16 Jahren) sind ehrenamtlich tätig. Davon in

Sport- und Freizeitvereinen
1 ████████████████████████████ **30 %**

religiösen und kirchlichen Organisationen
2 ███████████████████ **22**

Vereinen für Bildung, Kunst, Musik, Kultur
3 ██████████████████ **21**

sozialen Hilfsdiensten für Alte, Behinderte u.a.
4 ████████████ **15**

Schulen, Kindergärten (z.B. Elternbeirat)
5 ███████████ **14**

Parteien oder polit. Gruppen
6 ██████████ **12**

Freiwilliger Feuerwehr, Technischem Hilfswerk
7 █████████ **11**

Jugendarbeit (z.B. Pfadfinder)
8 ███████ **9**

Kinder- und Familienarbeit
9 ███████ **9**

Bürgerinitiativen
10 ███████ **9**

Umweltschutzgruppen
11 ████ **5**

Tierschutzvereinen
12 ████ **5**

Dritte-Welt- oder Menschenrechtsorganisationen
13 ███ **4**

Berufsverbänden
14 ██ **3**

Gewerkschaften
15 ██ **2**

Mehrfachnennungen
Quelle: IfD Allensbach   Stand 2012   © Globus 5287

4. *In welchen Organisationen bist du Mitglied?*

_____

_____

_____

5. *Befrage jemand, der ehrenamtlich Aufgaben übernimmt, nach seinen Gründen dafür. Beschreibe diese in Stichworten.*

_____

_____

_____

_____

1   Darin wirken Menschen zusammen, um gemeinsame Ziele zu erreichen.

 Copy 8

Klasse: _____   Datum: _____   Name: _____

Das Ehrenamt – Bedeutung in eurem Wohnort

1. *Welche der Organisationen kennst du, in*
denen ehrenamtlich gearbeitet wird?
Tipp: Notiere bei den Aufgaben 1.–4.
die Nummer der Organisation[1].

_____

_____

_____

2. *Welche gibt es in deiner Gemeinde?*

_____

_____

3. *Erkläre für drei dir wichtige Organisationen*
ausgewählte Aufgaben.

a) _____

   _____

b) _____

   _____

c) _____

   _____

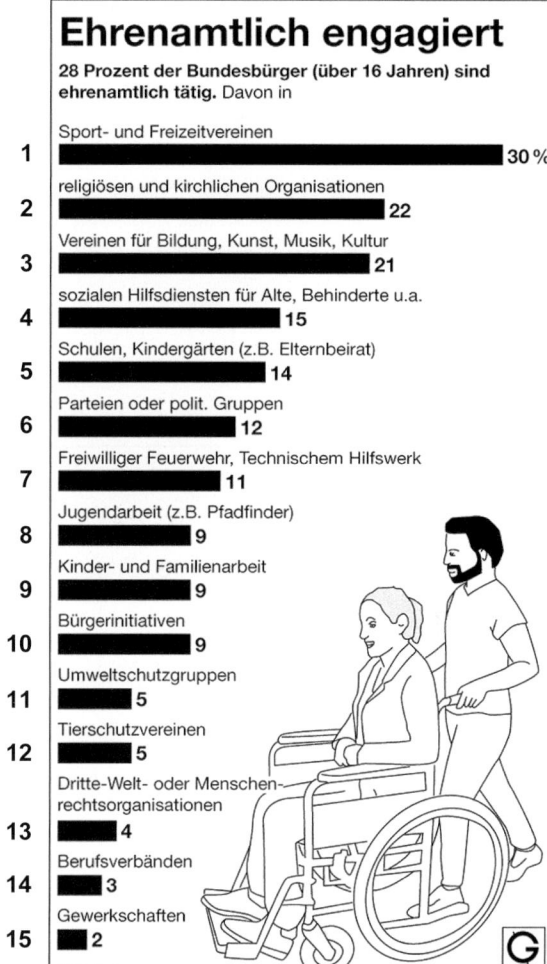

Ehrenamtlich engagiert

28 Prozent der Bundesbürger (über 16 Jahren) sind ehrenamtlich tätig. Davon in

1	Sport- und Freizeitvereinen	30 %
2	religiösen und kirchlichen Organisationen	22
3	Vereinen für Bildung, Kunst, Musik, Kultur	21
4	sozialen Hilfsdiensten für Alte, Behinderte u.a.	15
5	Schulen, Kindergärten (z.B. Elternbeirat)	14
6	Parteien oder polit. Gruppen	12
7	Freiwilliger Feuerwehr, Technischem Hilfswerk	11
8	Jugendarbeit (z.B. Pfadfinder)	9
9	Kinder- und Familienarbeit	9
10	Bürgerinitiativen	9
11	Umweltschutzgruppen	5
12	Tierschutzvereinen	5
13	Dritte-Welt- oder Menschenrechtsorganisationen	4
14	Berufsverbänden	3
15	Gewerkschaften	2

Mehrfachnennungen
Quelle: IfD Allensbach   Stand 2012   © Globus 5287

4. *In welchen Organisationen bist du Mitglied? Begründe dieses.*

_____

_____

_____

5. *Befrage jemand, der ehrenamtlich tätig ist, nach den Gründen für seine Mitarbeit.*
Beschreibe das in Stichworten.

_____

_____

_____

_____

1   Darin wirken Menschen zusammen, um gemeinsame Ziele zu erreichen. Das erfolgt meist ohne Vergütung.

 **Copy 8**

Autor/in: Heinrich Meyer, Silke Meyer

Klasse: _____ Datum: _____ Name: _____

Das Ehrenamt – Bedeutung in eurem Wohnort

1. *Welche der Organisationen, in denen ehrenamtlich gearbeitet wird, kennst du? Tipp: Notiere bei den Aufgaben 1.–4. die Nummer der Organisation[1].*

_____

_____

_____

2. *Welche gibt es in deiner Gemeinde?*

_____

_____

3. *Erkläre für drei dir wichtige Organisationen ausgewählte Aufgaben.*

a) _____

_____

b) _____

_____

c) _____

_____

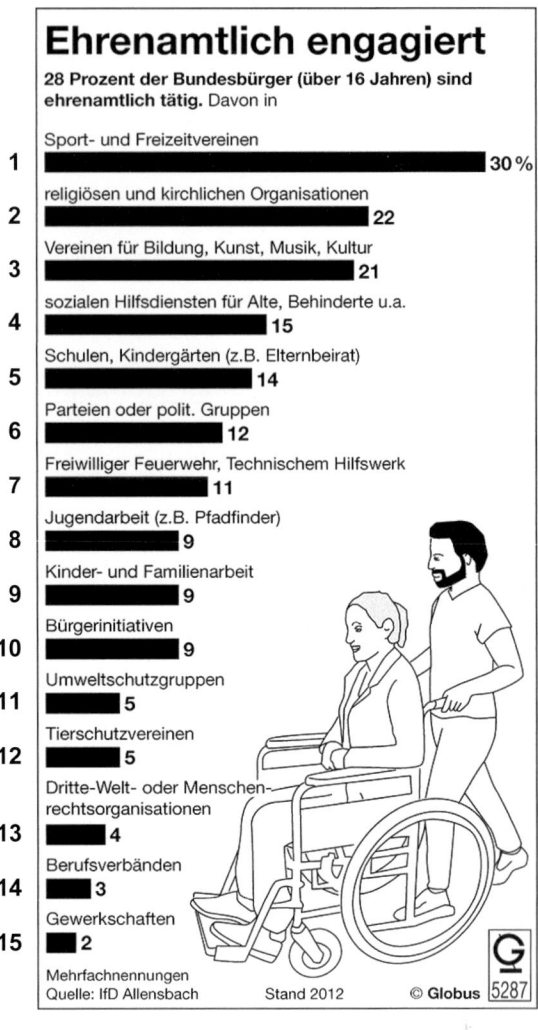

Ehrenamtlich engagiert

28 Prozent der Bundesbürger (über 16 Jahren) sind ehrenamtlich tätig. Davon in

	Sport- und Freizeitvereinen	
1		30 %
	religiösen und kirchlichen Organisationen	
2		22
	Vereinen für Bildung, Kunst, Musik, Kultur	
3		21
	sozialen Hilfsdiensten für Alte, Behinderte u.a.	
4		15
	Schulen, Kindergärten (z.B. Elternbeirat)	
5		14
	Parteien oder polit. Gruppen	
6		12
	Freiwilliger Feuerwehr, Technischem Hilfswerk	
7		11
	Jugendarbeit (z.B. Pfadfinder)	
8		9
	Kinder- und Familienarbeit	
9		9
	Bürgerinitiativen	
10		9
	Umweltschutzgruppen	
11		5
	Tierschutzvereinen	
12		5
	Dritte-Welt- oder Menschenrechtsorganisationen	
13		4
	Berufsverbänden	
14		3
	Gewerkschaften	
15		2

Mehrfachnennungen
Quelle: IfD Allensbach   Stand 2012   © Globus 5287

4. *In welchen Organisationen bist du Mitglied? Begründe dieses.*

_____

_____

5. *Befrage jemand, der ehrenamtlich tätig ist, nach den Gründen für seine Mitarbeit. Beschreibe das in Stichworten.*

_____

_____

_____

6. *Schätze die Bedeutung ehrenamtlicher Tätigkeit ein.*

_____

1   Darin wirken Menschen zusammen, um gemeinsame Ziele zu erreichen. Das erfolgt meist ohne Vergütung.

Klasse: _____   Datum: _____   Name: _____

Eingliederung von Migranten und Flüchtlingen

Jedes Jahr kommen viele Migranten (Zuwanderer) und Flüchtlinge nach Deutschland, die Unterstützung bei der Integration (Eingliederung) benötigen. Im Jahr 2015 werden
5 bis zu 800.000 Personen erwartet.
Gerade Flüchtlinge, die ihr Heimatland durch Krisen und Kriege verlassen mussten, benötigen besondere Unterstützung. Viele von ihnen müssen schwerwiegende Erlebnisse, wie Flucht
10 und Vertreibung, Misshandlungen und Tötungen von Angehörigen verarbeiten.
Die verschiedenen Herkunftssprachen und kulturellen Besonderheiten stellen für die Menschen große Hindernisse dar, um hier am
15 gesellschaftlichen Leben (Arbeit, Freizeit) teilzunehmen. Es ist verständlich, dass Menschen Schwierigkeiten haben sich zu verständigen, wenn sie unterschiedliche Sprachen sprechen. Sie wissen oftmals nicht, wo sie welche Hilfe
20 erhalten können. Dies stellt unsere Gesellschaft vor eine große Aufgabe, bei der ihr sicherlich auch als Schüler helfen könnt.

Etwa 20 Millionen Menschen sind in Deutschland ehrenamtlich tätig. Sie engagieren sich, weil sie Freude haben, Mitmenschen zu unterstützen, 25
Verantwortung zu übernehmen und neue Aufgaben und Tätigkeiten kennenlernen möchten. Vielleicht habt ihr bei euch in der Klasse oder in der Schule Migranten und Flüchtlinge, die ihr auch außerhalb der Schule unterstützen könnt. 30
Ihr könntet zum Beispiel Menschen bei Behördengängen begleiten, Sprachunterricht und Nachhilfe anbieten, Ausflüge und sportliche Aktivitäten sowie Koch- oder Backkurse veranstalten. Auskunft erhaltet ihr im Bürgerbüro 35
eurer Stadt, bei der Koordinierungsstelle für Migration, bei interkulturellen Begegnungsstätten oder Vereinen und Flüchtlingsheimen.
Bei den folgenden Internetadressen findet ihr weitere Informationen und Anregungen (Stand 40
30.9.2015):
www.buergergesellschaft.de
www.wie-kann-ich-helfen.info
www.ehrenamtsportal.de

Beantworte die Fragen mithilfe des Informationstextes.

1. *Überlege, warum Menschen sich ehrenamtlich engagieren.*

_____

_____

2. *Erkläre, warum gerade Migranten und Flüchtlinge bei der Integration auf Unterstützung angewiesen sind.*

_____

_____

3. *Schreibe auf, welche Möglichkeiten du hast, um dich ehrenamtlich für Migranten und Flüchtlinge in deiner Klasse oder Schule zu engagieren. Denke dabei an deine Stärken (z. B. Sprachkenntnisse, Interessen und Fähigkeiten).*

_____

_____

_____

_____

Autor: Denis Mujkanovic

Klasse: _____ Datum: _____ Name: _____

Eingliederung von Migranten und Flüchtlingen

Jedes Jahr kommen viele Migranten (Zuwanderer) und Flüchtlinge nach Deutschland, die Unterstützung bei der Integration (Eingliederung) benötigen. Im Jahr 2015 werden bis zu 800.000 Personen erwartet.
5
Gerade Flüchtlinge, die ihr Heimatland durch Krisen und Kriege verlassen mussten, benötigen besondere Unterstützung. Viele von ihnen müssen schwerwiegende Erlebnisse, wie Flucht und
10 Vertreibung, Misshandlungen und Tötungen von Angehörigen verarbeiten.
Die verschiedenen Herkunftssprachen und kulturellen Besonderheiten stellen für die Menschen große Hindernisse dar, um hier am gesellschaftli-
15 chen Leben (Arbeit, Freizeit) teilzunehmen. Es ist verständlich, dass Menschen Schwierigkeiten haben sich zu verständigen, wenn sie unterschiedliche Sprachen sprechen. Sie wissen oftmals nicht, wo sie welche Hilfe erhalten können.
20 Dies stellt unsere Gesellschaft vor eine große Aufgabe, bei der ihr sicherlich auch als Schüler helfen könnt.

Etwa 20 Millionen Menschen sind in Deutschland ehrenamtlich tätig. Sie engagieren sich, weil sie Freude haben, Mitmenschen zu unterstützen, 25
Verantwortung zu übernehmen und neue Aufgaben und Tätigkeiten kennenlernen möchten. Vielleicht habt ihr bei euch in der Klasse oder in der Schule Migranten und Flüchtlinge, die ihr auch außerhalb der Schule unterstützen könnt. 30
Ihr könntet zum Beispiel Menschen bei Behördengängen begleiten, Sprachunterricht und Nachhilfe anbieten, Ausflüge und sportliche Aktivitäten sowie Koch- oder Backkurse veranstalten. Auskunft erhaltet ihr im Bürgerbüro eurer Stadt, 35
bei der Koordinierungsstelle für Migration, bei interkulturellen Begegnungsstätten oder Vereinen und Flüchtlingsheimen.
Bei den folgenden Internetadressen findet ihr weitere Informationen und Anregungen (Stand 40
30.9.2015):
www.buergergesellschaft.de
www.wie-kann-ich-helfen.info
www.ehrenamtsportal.de

Beantworte die Fragen mithilfe des Informationstextes.

1. *Überlege, warum Menschen sich ehrenamtlich engagieren. Vielleicht fallen dir auch noch mehr Gründe ein.*

_____

_____

_____

2. *Erkläre, warum gerade Migranten und Flüchtlinge bei der Integration auf Unterstützung angewiesen sind. Ergänze auch eigene Beispiele, die dir einfallen.*

_____

_____

_____

3. *Überlege, welche Möglichkeiten du hast, um dich ehrenamtlich für Migranten und Flüchtlinge in deiner Klasse oder Schule zu engagieren. Denke dabei an deine Stärken (z. B. Sprachkenntnisse, Interessen und Fähigkeiten).*

_____

_____

_____

Klasse: _____ Datum: _____ Name: _____

Eingliederung von Migranten und Flüchtlingen

Jedes Jahr kommen viele Migranten (Zuwanderer) und Flüchtlinge nach Deutschland, die Unterstützung bei der Integration (Eingliederung) benötigen. Im Jahr 2015 werden bis zu 800.000 Personen erwartet.

5 Gerade Flüchtlinge, die ihr Heimatland durch Krisen und Kriege verlassen mussten, benötigen besondere Unterstützung. Viele von ihnen müssen schwerwiegende Erlebnisse, wie Flucht und

10 Vertreibung, Misshandlungen und Tötungen von Angehörigen verarbeiten.
Die verschiedenen Herkunftssprachen und kulturellen Besonderheiten stellen für die Menschen große Hindernisse dar, um hier am gesellschaftli-

15 chen Leben (Arbeit, Freizeit) teilzunehmen. Es ist verständlich, dass Menschen Schwierigkeiten haben sich zu verständigen, wenn sie unterschiedliche Sprachen sprechen. Sie wissen oftmals nicht, wo sie welche Hilfe erhalten können.

20 Dies stellt unsere Gesellschaft vor eine große Aufgabe, bei der ihr sicherlich auch als Schüler helfen könnt.

Etwa 20 Millionen Menschen sind in Deutschland ehrenamtlich tätig. Sie engagieren sich, weil sie Freude haben, Mitmenschen zu unterstützen, 25 Verantwortung zu übernehmen und neue Aufgaben und Tätigkeiten kennenlernen möchten. Vielleicht habt ihr bei euch in der Klasse oder in der Schule Migranten und Flüchtlinge, die ihr auch außerhalb der Schule unterstützen könnt. 30
Ihr könntet zum Beispiel Menschen bei Behördengängen begleiten, Sprachunterricht und Nachhilfe anbieten, Ausflüge und sportliche Aktivitäten sowie Koch- oder Backkurse veranstalten. Auskunft erhaltet ihr im Bürgerbüro eurer Stadt, 35 bei der Koordinierungsstelle für Migration, bei interkulturellen Begegnungsstätten oder Vereinen und Flüchtlingsheimen.
Bei den folgenden Internetadressen findet ihr weitere Informationen und Anregungen (Stand 40 30.9.2015):
www.buergergesellschaft.de
www.wie-kann-ich-helfen.info
www.ehrenamtsportal.de

Beantworte die Fragen mithilfe des Informationstextes.

1. *Überlege, warum Menschen sich ehrenamtlich engagieren.*

_____

_____

_____

_____

2. *Erkläre, warum gerade Migranten und Flüchtlinge bei der Integration auf Unterstützung angewiesen sind. Ergänze auch eigene Beispiele, die dir einfallen.*

_____

_____

_____

_____

3. *Erstelle einen Plan, wie du dich ehrenamtlich für Migranten und Flüchtlinge in deiner Klasse oder Schule engagieren kannst. Denke dabei an deine Stärken (z. B. Sprachkenntnisse, Interessen und Fähigkeiten). Benutze dazu ein zusätzliches Blatt.*

 Copy 9

Autor: Denis Mujkanovic

Klasse: _____ Datum: _____ Name: _____

Warum haben wir uns so verschuldet? Was können wir jetzt tun?

Die Familie – Rüdiger, Judith und die Kinder Jan (15 Jahre), Anna (7 Jahre) – verfügt nicht mehr über genug Geld zum Leben.

5 Rüdiger wurde arbeitslos, das Einkommen sank erheblich. Er rauchte und trank mehr als sonst. Die Raten für das Auto und den Fernseher konnten nicht mehr bezahlt werden. Rüdiger wollte das Auto nicht verkaufen. Er schämte sich vor seinen Freunden. Ein neuer Kredit über 3.000 € stopfte 10 kurzfristig das Einkommensloch. Die Zinsen waren sehr hoch.

Dann wurde Judith krank und konnte nicht mehr putzen gehen. Eine Freundin empfahl ihr, den Haushalt sparsamer zu führen. Sie kaufte oft Fer- 15 tiggerichte, hatte nie einen Haushaltsplan gemacht und wusste nicht, wie sie sparen konnte.

Die Kinder bekamen fast wie immer teure Spielsachen, Markenkleidung und Taschengeld. Sie sollten nicht merken, wie schlecht es der Familie ging. Aber Jan und Anna merkten schon lange, 20 dass die Eltern gereizt waren. Die Bank gab keinen Kredit mehr.

Weihnachten brach dann alles zusammen. Nach Abzug der Kosten für Miete, Raten für Kredite, Heizung, Strom, Wasser usw. blieben für das 25 tägliche Leben nur 400 € im Monat. Judith und Rüdiger kamen nicht mehr allein klar. Sie brauchten Hilfe.

Eine Nachbarin empfahl, eine Schuldnerberatung[1] aufzusuchen. Das war ein schwerer Gang. Ihnen 30 wurde klar, dass sie vieles ändern müssen.

1. *Nenne Gründe für die Verschuldung der Familie. Notiere Stichworte.*

_____

_____

_____

_____

2. *Was sollten Judith und Rüdiger ändern? Notiere Stichworte. Erkläre die Maßnahme an einem Vorschlag.*

_____

_____

_____

_____

3. *Was könnten Jan und Anna tun? Notiere Stichworte.*

_____

_____

_____

1 Unterstützt Menschen bei Schuldenproblemen durch Rat und Hilfe in sozialer, finanzieller und rechtlicher Hinsicht. Diese wird oft durch gemeinnützige Vereine bereitgestellt.

Klasse: _____ Datum: _____ Name: _____

Warum haben wir uns so verschuldet? Was können wir jetzt tun?

Die Familie – Rüdiger, Judith und die Kinder Jan (15 Jahre), Anna (7 Jahre) – verfügt nicht mehr über genug Geld zum Leben.

Rüdiger wurde arbeitslos, das Einkommen sank
5 erheblich. Er rauchte und trank mehr als sonst. Die Raten für das Auto und den Fernseher konnten nicht mehr bezahlt werden. Rüdiger wollte das Auto nicht verkaufen. Er schämte sich vor seinen Freunden. Ein neuer Kredit über 3.000 € stopfte
10 kurzfristig das Einkommensloch. Die Zinsen waren sehr hoch.

Dann wurde Judith krank und konnte nicht mehr putzen gehen. Eine Freundin empfahl ihr, den Haushalt sparsamer zu führen. Sie kaufte oft Fer-
15 tiggerichte, hatte nie einen Haushaltsplan gemacht und wusste nicht, wie sie sparen konnte.

Die Kinder bekamen fast wie immer teure Spielsachen, Markenkleidung und Taschengeld. Sie sollten nicht merken, wie schlecht es der Familie ging. Aber Jan und Anna merkten schon lange, [20] dass die Eltern gereizt waren. Die Bank gab keinen Kredit mehr.

Weihnachten brach dann alles zusammen. Nach Abzug der Kosten für Miete, Raten für Kredite, Heizung, Strom, Wasser usw. blieben für das [25] tägliche Leben nur 400 € im Monat. Judith und Rüdiger kamen nicht mehr allein klar. Sie brauchten Hilfe.

Eine Nachbarin empfahl, eine Schuldnerberatung[1] aufzusuchen. Das war ein schwerer Gang. Ihnen [30] wurde klar, dass sie vieles ändern müssen.

1. *Stelle in Stichworten die Gründe dar, die zur starken Verschuldung der Familie führen.*

_____

_____

_____

2. *Was sollten Judith und Rüdiger ändern? Begründe deine Vorschläge.*

_____

_____

_____

_____

_____

_____

3. *Was könnten Jan und Anna tun? Notiere Stichworte.*

_____

_____

_____

---

1 Unterstützt Menschen bei Schuldenproblemen durch Rat und Hilfe in sozialer, finanzieller und rechtlicher Hinsicht. Diese wird oft durch gemeinnützige Vereine bereitgestellt.

Autor/in: Heinrich Meyer, Silke Meyer

Klasse: _____ Datum: _____ Name: _____

Warum haben wir uns so verschuldet? Was können wir jetzt tun?

Die Familie – Rüdiger, Judith und die Kinder Jan (15 Jahre), Anna (7 Jahre) – verfügt nicht mehr über genug Geld zum Leben.
Rüdiger wurde arbeitslos, das Einkommen sank
5 erheblich. Er rauchte und trank mehr als sonst. Die Raten für das Auto und den Fernseher konnten nicht mehr bezahlt werden. Rüdiger wollte das Auto nicht verkaufen. Er schämte sich vor seinen Freunden. Ein neuer Kredit über 3.000 € stopfte
10 kurzfristig das Einkommensloch. Die Zinsen waren sehr hoch.
Dann wurde Judith krank und konnte nicht mehr putzen gehen. Eine Freundin empfahl ihr, den Haushalt sparsamer zu führen. Sie kaufte oft
15 Fertiggerichte, hatte nie einen Haushaltsplan ge-

macht und wusste nicht, wie sie sparen konnte. Die Kinder bekamen fast wie immer teure Spielsachen, Markenkleidung und Taschengeld. Sie sollten nicht merken, wie schlecht es der Familie 20 ging. Aber Jan und Anna merkten schon lange, dass die Eltern gereizt waren. Die Bank gab keinen Kredit mehr. Weihnachten brach dann alles zusammen. Nach Abzug der Kosten für Miete, Raten für Kredite, Heizung, Strom, Wasser usw. 25 blieben für das tägliche Leben nur 400 € im Monat. Judith und Rüdiger kamen nicht mehr allein klar. Sie brauchten Hilfe. Eine Nachbarin empfahl, eine Schuldnerberatung[1] aufzusuchen. Das war ein schwerer Gang. Ihnen wurde klar, dass sie 30 vieles ändern müssen.

1. *Erkläre in ganzen Sätzen Gründe für die starke Verschuldung der Familie.*

_____

_____

_____

_____

2. *Was sollten Judith und Rüdiger ändern? Begründe deine Vorschläge. Benutze ein zusätzliches Blatt (Aufgabe 2 und 3).*

_____

_____

_____

_____

3. *Was könnten Jan und Anna tun? Begründe deine Vorschläge.*

_____

_____

_____

_____

_____

1   Unterstützt Menschen bei Schuldenproblemen durch Rat und Hilfe in sozialer, finanzieller und rechtlicher Hinsicht. Diese wird oft durch gemeinnützige Vereine bereitgestellt.

 Copy 10

Klasse: _____   Datum: _____   Name: _____

Ist die unterschiedliche Höhe des Einkommens gerecht?

Dazu, welche Höhe gerecht ist, gibt es verschiedene Meinungen. Unterschieden werden:
a) der **Bedarf** (Es wird z. B. berücksichtigt, ob Kinder zu versorgen sind)
b) die **Leistung**. Berücksichtigt werden bei der Bezahlung die Ausbildung und die Fähigkeiten (Qualifikationen). Bei der Besteuerung wird mit steigendem Verdienst ein höherer Anteil erhoben
c) die **Verteilung der Steuern** (es wird für alle ein gleicher Anteil vom Verdienst erhoben).

Mein Vater ist LKW-Fahrer und von Montag 7 bis Freitag 18 Uhr mit dem Truck unterwegs. Deswegen verdient er auch viel mehr als Dein Vater, der nur als Taxifahrer herumfährt. Das ist gerecht.

Meine Mutter muss allein für mich und meine zwei kleinen Geschwister sorgen. Ob und wo unserer Vater lebt, wissen wir nicht. Meine Mutter arbeitet Teilzeit und zahlt keine Lohnsteuer. Wir bekommen vom Amt jeden Monat zusätzlich Geld zum Leben. Das ist gerecht.

Meine beiden Tanten haben sich gestern gestritten. Britta sagte, dass ihr vom Gehalt allein für Steuern jeden Monat 1/4 abgezogen wird. Meine Tante Gerda muss nur 1/8 zahlen. Das sieht sie nicht als gerecht an. Ich weiß aber, dass Tante Britta jeden Monat 5.000 € verdient und Tante Gerda nur 2.000 € bekommt. Deswegen finde ich es gerecht, dass Britta mehr zahlen muss.

1. *Betrachte die Aussagen von Ralf und Doro. Was ist für dich gerecht? Begründe deine Meinung.*

_____

_____

_____

2. *Rechne aus, wie hoch die Steuerzahlung wäre, wenn nach folgenden Regeln besteuert wird (siehe Roman).*

a) leistungsgerecht: bei Britta 5.000 € Verdienst, 1/4 = _____ € und

bei Gerda 2.000 € Verdienst, 1/8 = _____ €

b) verteilungsgerecht – beide erhalten den gleichen Steuersatz von 1/8:

Gerda 1/8 = _____ €   Britta 1/8 = _____ €

Copy 11

Autor/in: Heinrich Meyer, Silke Meyer; Bildquelle: Peter Wirtz

Klasse: _____ Datum: _____ Name: _____

Ist die unterschiedliche Höhe des Einkommens gerecht?

Zur Frage, was gerecht ist, gibt es unterschiedliche Vorstellungen. Unterschieden werden:
a) **Bedarfsgerechtigkeit:** Es wird z. B. berücksichtigt, ob Angehörige zu versorgen sind.
b) **Leistungsgerechtigkeit:** Bei der Höhe wird die berufliche Qualifikation berücksichtigt, bei der Besteuerung mit steigendem Verdienst ein höherer Anteil erhoben (Progression).
c) **Verteilungsgerechtigkeit:** Bei der Besteuerung zahlen alle einen gleichen Anteil vom Verdienst.

Mein Vater ist LKW-Fahrer und von Montag 7 bis Freitag 18 Uhr in ganz Europa mit dem Truck unterwegs. Deswegen verdient er auch viel mehr als Dein Vater, der als Taxifahrer in der Stadt herumfährt. Das ist gerecht.

Meine Mutter muss allein für mich und meine zwei kleinen Geschwister sorgen. Ob und wo unserer Vater lebt, wissen wir nicht. Meine Mutter arbeitet Teilzeit und zahlt keine Lohnsteuer. Wir bekommen vom Amt jeden Monat zusätzlich Geld zum Leben. Das ist gerecht.

Meine beiden Tanten haben sich gestern gestritten. Britta sagte, dass ihr vom Gehalt allein für Steuern jeden Monat 1/4 abgezogen wird während Tante Gerda nur 1/8 zahlen muss. Das wäre nicht gerecht. Ich weiß aber, dass Tante Britta jeden Monat 5.000 € verdient und Tante Gerda nur 2.000 € bekommt. Deswegen finde ich es gerecht, dass Britta mehr zahlen muss.

1. *Vergleiche die Aussagen von Ralf und Doro mit deinen Vorstellungen von Gerechtigkeit. Berücksichtige auch die Anforderungen an die Arbeit. Begründe deine Meinung. Nutze die Rückseite des Blattes.*

_____

2. *Rechne für die Darstellung von Roman aus, wie hoch die Steuerzahlung von Tante Britta und Tante Gerda wäre, wenn nach folgenden Prinzipien besteuert wird:*

a) leistungsgerecht: Britta 5.000 €, 1/4 = _____ €; Gerda 2.000 €, 1/8 = _____ €

b) verteilungsgerecht (Annahme, dass diese sich am Steuersatz von 1/8, wie bei den Einkünften von Gerda, orientiert):

Gerda 1/8 = _____ €   Britta 1/8 = _____ €

3. *Wo findest du bei den Beispielen das Prinzip der Bedarfsgerechtigkeit?*

_____

_____

Klasse: _____ Datum: _____ Name: _____

Ist die unterschiedliche Höhe des Einkommens gerecht?

Zur Frage, was gerecht ist, gibt es unterschiedliche Vorstellungen. Unterschieden werden:
a) **Bedarfsgerechtigkeit:** Es wird z. B. berücksichtigt, ob Angehörige zu versorgen sind.
b) **Leistungsgerechtigkeit:** Bei der Höhe wird die berufliche Qualifikation berücksichtigt, bei der Besteuerung mit steigendem Verdienst ein höherer Anteil erhoben (Progression).
c) **Verteilungsgerechtigkeit:** Bei der Besteuerung zahlen alle einen gleichen Anteil vom Verdienst.

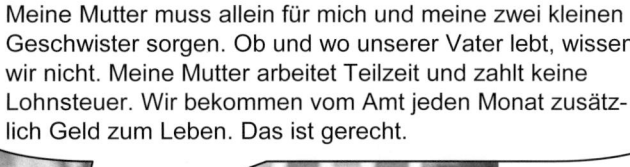

Mein Vater ist LKW-Fahrer und von Montag 7 bis Freitag 18 Uhr in ganz Europa mit dem Truck unterwegs. Deswegen verdient er auch viel mehr als Dein Vater, der als Taxifahrer in der Stadt herumfährt. Das ist gerecht.

Meine Mutter muss allein für mich und meine zwei kleinen Geschwister sorgen. Ob und wo unserer Vater lebt, wissen wir nicht. Meine Mutter arbeitet Teilzeit und zahlt keine Lohnsteuer. Wir bekommen vom Amt jeden Monat zusätzlich Geld zum Leben. Das ist gerecht.

Meine beiden Tanten haben sich gestern gestritten. Britta sagte, dass ihr vom Gehalt allein für Steuern jeden Monat 1/4 abgezogen wird während Tante Gerda nur 1/8 zahlen muss. Das wäre nicht gerecht. Ich weiß aber, dass Tante Britta jeden Monat 5.000 € verdient und Tante Gerda nur 2.000 € bekommt. Deswegen finde ich es gerecht, dass Britta mehr zahlen muss.

1. *Vergleiche die Aussagen von Ralf und Doro mit deinen Vorstellungen von Gerechtigkeit. Berücksichtige auch die Anforderungen an die Arbeit. Begründe deine Meinung. Nutze die Rückseite des Blattes.*

_____

_____

2. *Rechne für die Darstellung von Roman aus, wie hoch die Steuerzahlung von Tante Britta und Tante Gerda wäre, wenn nach folgenden Prinzipien besteuert wird:*

a) leistungsgerecht: _____

b) verteilungsgerecht (Annahme, dass diese sich am Steuersatz von 1/8, wie bei den

   Einkünften von Gerda orientiert): _____

3. *Wo findest du bei den Beispielen das Prinzip der Bedarfsgerechtigkeit?*

_____

_____

Autor/in: Heinrich Meyer, Silke Meyer; Bildquelle: Peter Wirtz

Klasse: _____ Datum: _____ Name: _____

Konsumausgaben der privaten Haushalte

Wem geht es gut, wem nicht so gut?

Wirtschaftliche Unterschiede der Haushalte in Deutschland ergeben sich durch unterschiedlich hohe Einkommen. Von den Einkommen hängen die Ausgaben ab. Man kann sorgfältig planen aber auch das Geld verjubeln und sich – eventuell auch die ganze Familie – in große Not bringen. Dann fehlt das Geld, um das Notwendigste für das Leben zu bekommen. Allerdings kann auch ohne Verschulden eine solche Situation eintreten. Der Staat kümmert sich dann mit verschiedenen Maßnahmen um die Menschen. Notwendig ist aber für eine gute Sozial- und Wirtschaftspolitik, dass die Ausgaben von Staat und von den privaten Haushalten beobachtet werden. Dies macht das Statistische Amt der Bundesrepublik. Es gibt sich große Mühe, von vielen Haushalten die Ausgaben zu erfahren. Diese Tabelle zeigt davon Beispiele.

Typ	Durchschnittliche Konsumausgaben von privaten Haushalten im Monat	Summe	Nahrung	Wohnung	Gesundheit	Freizeit	Hotels Gaststätte	Verkehr	andere Ausgaben[1]
1	Paare ohne Kind	2758	382	906	140	318	170	389	453
2	Paare mit Kind/ern	3185	479	988	95	340	172	514	597
3	Alleinerziehende mit Kind/ern	1832	284	686	42	171	93	187	369
4	Alleinlebende Männer	1521	185	582	67	159	102	211	215
5	Alleinlebende Frauen	1461	178	601	60	146	66	151	259

unter „andere Konsumausgaben" fallen Kleidung, Haushaltsgeräte, Ausgaben für Bildung, für Post, für Telefon, Radio u. a.

1. *Welches sind für dich die drei wichtigsten dieser Konsumausgaben?*
An welche Bedürfnisse denkst du dabei?

_____

2. *Welche Haushaltstypen haben Konsumausgaben unter und welche über dem Durchschnitt?*

_____

3. *Alleinlebende Frauen haben weniger Konsumausgaben als alleinlebende Männer. Bei welchen Konsumausgaben ist es besonders auffällig? Woran kann es liegen?*

_____

_____

4. *Paare mit Kindern haben bei fast allen Konsum-Arten höhere Ausgaben als Paare ohne Kinder.*
*a) Um wie viel Euro sind die **Konsumausgaben** höher?*

_____

b) Welche Ursache würdest du vermuten?

_____

_____

Klasse: _____ Datum: _____ Name: _____

Konsumausgaben der privaten Haushalte

Typ	Durchschnittliche Konsumausgaben von privaten Haushalten im Monat	Summe	Nahrung	Wohnung	Gesundheit	Freizeit	Hotels Gaststätte	Verkehr	andere Ausgaben	Personenzahl im Haushalt
1	Paare ohne Kind	2758	382	906	140	318	170	389	453	2,0
2	Paare mit Kind/ern	3185	479	988	95	340	172	514	597	3,7
3	Alleinerziehende mit Kind/ern	1832	284	686	42	171	93	187	369	2,3
4	Alleinlebende Männer	1521	185	582	67	159	102	211	215	1,0
5	Alleinlebende Frauen	1461	178	601	60	146	66	151	259	1,0

unter „andere Konsumausgaben" fallen Kleidung, Haushaltsgeräte, Ausgaben für Bildung, für Post, für Telefon, Radio u. a.

Linn und Kai möchten an der Tabelle untersuchen, in welchem Typ von Haushalten die Menschen am besten leben. Sie gehen davon aus, dass dies davon abhängig ist wie viel Geld zur Verfügung steht und wofür dies ausgegeben wird.

> **Kai:** „Am besten geht es doch sicher den Personen im Typ 2. Die geben im Monat das meiste Geld aus, sogar für alles, außer für Gesundheit. Wem es so gut geht, der ist auch gesund. Den Leuten vom Typ 5 und 6 geht es doch schlecht mit nur um die 1.500 € und davon müssen die noch 600 € Miete zahlen."
>
> **Linn:** „Du machst es Dir zu leicht und liest die Tabelle nicht gründlich. Ich musste zwar etwas Rechnen, aber für mich sind gerade die vom Typ 4 und 5 am besten dran."

1. *Warum hat Linn recht?*

_____

_____

2. *Wenn man der Rechnung von Linn folgen will, wie sieht dann die Versorgung der Menschen in den Typen aus? Welche Ausgaben entfallen dann auf die einzelne Person im Durchschnitt?* **Beispiel:** *Typ 1 hat 2.758 € geteilt auf 2 Personen = 1.379 € je Person.*

Typ 1 = _____ €   Typ 2 = _____ €   Typ 3 = _____ €,

Typ 4 = _____ €   Typ 5 = _____ €

3. *Errechnet, wie die Versorgung der einzelnen Menschen in den Haushaltstypen bei angegebenen Konsumgütern aussehen würde. Nehmt obige Personenzahlen und füllt die Tabelle aus.*

> **Bsp.:** *Paare ohne Kind geben für Nahrung 382 € aus. Eine Person des Paares = 191 €.*

Typ	Durchschnittliche Konsumausgaben von priv. Haushalten je Monat	Nahrung	Wohnung	Gesundheit	Freizeit	Hotels Gaststätte	Verkehr	andere Ausgaben
1	Paare ohne Kind							
2	Paare mit Kind/ern							
3	Alleinerziehende m. Kind							
4	Alleinlebende Männer							
5	Alleinlebende Frauen							

Klasse: _____ Datum: _____ Name: _____

Konsumausgaben der privaten Haushalte

1. *Ermittelt besonders auffallende Zahlen und sucht dafür Erklärungen.*

Typ	Durchschnittliche Konsumausgaben von priv. Haushalten je Monat	Nahrung	Woh- nung	Gesund- heit	Freizeit	Hotels Gaststätte	Verkehr	andere Ausga- ben
1	Paare ohne Kind	191	453	70	159	85	195	227
2	Paare mit Kind/ern	129	267	26	92	46	139	161
3	Alleinerziehende m. Kind	123	298	18	74	40	81	160
4	Alleinlebende Männer	185	582	67	159	102	211	215
5	Alleinlebende Frauen	178	601	60	146	66	151	259

Beispiel: *Bei den alleinlebenden Männern und Frauen (Typen 4 und 5) sowie den Paaren ohne Kind (Typ 1) sind die Wohnungsausgaben höher als bei Typ 2 und Typ 3. Das könn- te bedeuten, dass Familien in kleineren Wohnungen leben, mit weniger Platz pro Person .*

_____

_____

_____

_____

_____

_____

2. *Die privaten Konsumausgaben steigen. Geht es den privaten oder den öffentlichen Haushalten wirtschaftlich besser? Testet es für ausgewählte Jahre.*
   Hinweis: Die Steuern und Sozialbeiträge fließen in die öffentlichen Haushalte.

Private Haushalte	2007	2012	
Bruttoeinkommen je Monat (Durchschnitt)	3.584 €	3.989 €	
– Steuern und Sozialbeiträge in €	745 €	920 €	
= Nettoeinkommen	2.839 €	3.069 €	
Steigerung in %		_____	
– Konsumausgaben	2.067 €	2.310 €	
Steigerung in %		_____	
= Private Ersparnisse	772 €	759 €	

Klasse: _____   Datum: _____   Name: _____

Mit dem Einkommen auskommen – ein Kreuzworträtsel

Wir raten Begriffe aus der Welt der Wirtschaft

1. *Zu finden ist in der dick umrandeten senkrechten Spalte ein Begriff, der nicht nur beim Finanzamt eine große Rolle spielt. Zuerst sollen aber neun Begriffe gefunden werden, die alle etwas mit Kohle, Kies und Koks zu tun haben. Unten stehen neun Beschreibungen der Begriffe. Setz die richtigen Buchstaben waagerecht ein – und finde den Begriff, der auch im Haushalt eine große Rolle spielt.*

		1 ▶	G			D	
		2 ▶	L			T	U	N
		3 ▶		A			
			4 ▶		O		T
	5 ▶		U	R			
6 ▶	L	B		S		I		E	L
		7 ▶	S			M	E
8 ▶		A	S		E	N	G	E	L
		9 ▶	Z			E	N

1 Man benötigt **dies** in Zeile 1 oft, um Bedürfnisse zu befriedigen.
2 **Dafür** wird man meist mit dem in Zeile 1 belohnt.
3 Und **dorthin** kannst Du das in Zeile 1 bringen.
4 Wenn du das in Zeile 1 hinbringst musst du aber **dieses** dort haben.
5 Das oben in 1. hat **diesen** Namen.
6 Bei jedem Supermarkt bekommst Du **diese**, wenn du das in Zeile 1 hast.
7 An der Kasse des Supermarktes zahlst Du die **ganze …** von dem in Zeile 1.
8 Viele Jugendliche erhalten **dieses** jede Woche oder jeden Monat von den Eltern in die Tasche.
9 Wenn Du dann dieses Geschenk der Eltern zu Zeile 3 bringst, wirst du **damit** belohnt.

Klasse: _____   Datum: _____   Name: _____

Mit dem Einkommen auskommen – ein Kreuzworträtsel

Wir raten Begriffe aus der Welt der Wirtschaft

1. *Zu finden ist in der dick umrandeten senkrechten Spalte ein Begriff, der nicht nur beim Finanzamt eine große Rolle spielt. Aber zuerst sollen neun Begriffe gefunden werden, die alle etwas mit Kohle, Kies und Koks zu tun haben. Unten stehen neun davon, bei denen aber außer dem ersten Buchstaben alle fehlen. Setz die richtigen Buchstaben waagerecht ein – und finde den Begriff, der auch im Haushalt eine große Rolle spielt.*

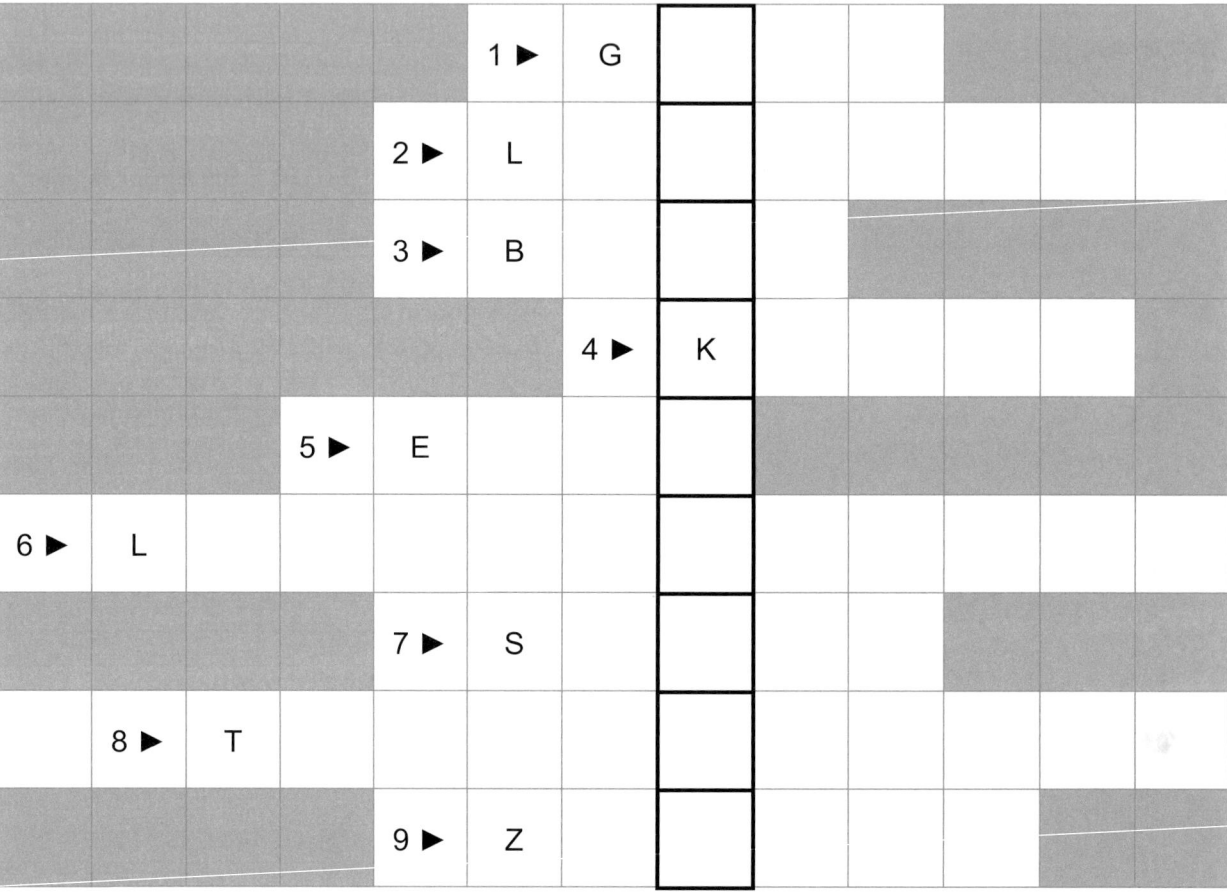

1 Man benötigt **dies** in Zeile 1 oft, um Bedürfnisse zu befriedigen.
2 **Dafür** wird man meist mit dem in Zeile 1 belohnt.
3 Und **dorthin** kannst Du das in Zeile 1 bringen.
4 Wenn du das in Zeile 1 hinbringst musst du aber **dieses** dort haben.
5 Das oben in 1. hat **diesen** Namen.
6 Bei jedem Supermarkt bekommst Du **diese**, wenn du das in Zeile 1 hast.
7 An der Kasse des Supermarktes zahlst Du die **ganze ...** von dem in Zeile 1.
8 Viele Jugendliche erhalten **dieses** jede Woche oder jeden Monat von den Eltern in die Tasche.
9 Wenn Du dann dieses Geschenk der Eltern zu Zeile 3 bringst, wirst du **damit** belohnt.

Klasse: _____   Datum: _____   Name: _____

Mit dem Einkommen auskommen – ein Kreuzworträtsel

Wir raten Begriffe aus der Welt der Wirtschaft

1. *Zu finden ist in der dick umrandeten senkrechten Spalte ein Begriff, der ein Maßstab für Gerechtigkeit in einer sozialen Marktwirtschaft sein sollte. Waagerecht sollen Begriffe gefunden werden, die alle etwas mit Kohle, Kies und Koks zu tun haben. Setz die richtigen Buchstaben in die leeren Felder ein – und du findest den zentralen Begriff in der senkrechten Spalte.*

1 Man benötigt dies in 1 oft, um Bedürfnisse zu befriedigen.

2 Dafür wird man meist mit dem in Zeile 1 belohnt.

3 Und dorthin kannst Du das in Zeile 1 bringen.

4 Wenn du das in Zeile 1 hinbringst musst du aber dieses dort haben.

5 Das in Zeile 1 hat diesen Namen.

6 Bei jedem Supermarkt bekommst du diese gegen das aus Zeile 1.

7 An der Kasse des Supermarktes zahlst Du diese von Zeile 1.

8 Viele Jugendliche erhalten dieses jede Woche oder jeden Monat von den Eltern in die Tasche.

9 Wenn Du dann das Geschenk der Eltern zu 3 bringst, wirst du damit belohnt.

10 Du bekommst ihn, wenn du der Beste bist! Aber im Supermarkt hast du ihn zu zahlen.

11 Wenn du Aktien hast, bekommst du sie jährlich auf deinem 4 gutgeschrieben.

12 Du könntest sie dann mit 1oder 5 füllen.

13 Man macht es mit Fußballspielern, mit Waren und mit Geld; zwischen Mannschaften, Ländern und Währungen.

14 Der Autofahrer hat es in den Händen, aber bei dem Einkommensbezieher wird sie festgesetzt.

15 Wenn die 14 nicht zu hoch ist, kann man von dem Einkommen vielleicht etwas 15.

16 Wenn die 14 hoch ist, kann man bei der 3 für das neue Rennrad einen 16 nehmen.

17 Aber man sollte es sich überlegen, 17 machen ist immer lästig.

18 Wenn du schon einen Job hast wird dein 20 fast immer nicht 18 ausgezahlt.

19 In den Arbeitsjahren zahlen Arbeitgeber und Arbeitnehmer für die spätere 19 ein.

20 Daher wird das 20 nicht 18 sondern netto ausgezahlt.

Autor: Dietmar Krafft

Klasse: _____ Datum: _____ Name: _____

Menschen haben verschiedene Bedürfnisse

Jeder von uns hat unzählige Wünsche, die wir auch als Bedürfnisse bezeichnen. Nicht alle Bedürfnisse sind gleich wichtig. Sie sind veränderbar und abhängig vom Alter, Geschlecht, Wohnort, dem Beruf und der Höhe des zur Verfügung stehenden Geldes. Unterschieden wird zwischen materiellen und immateriellen Bedürfnissen. Die materiellen Bedürfnisse können durch den Kauf von Konsumgütern und Dienstleistungen erfüllt werden. Die Bedürfnisse, die nicht mit Geld befriedigt werden, wie z. B. das Bedürfnis nach Liebe, sozialem Kontakt, Ansehen, Erfolg und Glück, werden als immaterielle Bedürfnisse bezeichnet. Ein Bedürfnis entsteht durch den Eindruck, dass uns etwas fehlt.

Tim, Enrico, Marie und Veronika (von links) im Eingangsbereich der Schule.

1. *Lies die Aussagen von den Jugendlichen. Überlege, welche Bedürfnisse sie haben.*

Tim: _____   Enrico: _____

Marie: _____   Veronika: _____

> eigene Klamotten | Erfolg in der Schule |
> Kontakt zu Freunden | Gesundheit des Großvaters

2. *Unterscheide, ob es sich um ein materielles oder immaterielles Bedürfnis handelt.*

Tim: _____   Enrico: _____

Marie: _____   Veronika: _____

> materielles Bedürfnis | materielles Bedürfnis | immaterielles Bedürfnis |
> immaterielles Bedürfnis

Klasse: _____ Datum: _____ Name: _____

Menschen haben verschiedene Bedürfnisse

Jeder von uns hat unzählige Wünsche, die wir auch als Bedürfnisse bezeichnen. Nicht alle Bedürfnisse sind gleich wichtig. Sie sind veränderbar und abhängig vom Alter, Geschlecht, Wohnort, dem Beruf und der Höhe des zur Verfügung stehenden Geldes. Unterschieden wird zwischen materiellen und immateriellen Bedürfnissen. Die materiellen Bedürfnisse können durch den Kauf von Konsumgütern und Dienstleistungen erfüllt werden. Die Bedürfnisse, die nicht mit Geld befriedigt werden, wie z. B. das Bedürfnis nach Liebe, sozialem Kontakt, Ansehen, Erfolg und Glück, werden als immaterielle Bedürfnisse bezeichnet. Ein Bedürfnis entsteht durch den Eindruck, dass uns etwas fehlt.

Tim, Enrico, Marie und Veronika (von links) im Eingangsbereich der Schule.

1. *Lies die Aussagen von den Jugendlichen und überlege, welche Bedürfnisse sie haben?*

Tim: _____ Enrico: _____

Marie: _____ Veronika: _____

2. *Unterscheide, ob es sich um ein materielles oder immaterielles Bedürfnis handelt.*

Tim: _____ Enrico: _____

Marie: _____ Veronika: _____

Klasse: _____ Datum: _____ Name: _____

Menschen haben verschiedene Bedürfnisse

Jeder von uns hat unzählige Wünsche, die wir auch als Bedürfnisse bezeichnen. Nicht alle Bedürfnisse sind gleich wichtig. Sie sind veränderbar und abhängig vom Alter, Geschlecht, Wohnort, dem Beruf und der Höhe des zur Verfügung stehenden Geldes. Unterschieden wird zwischen materiellen und immateriellen Bedürfnissen. Die materiellen Bedürfnisse können durch den Kauf von Konsumgütern und Dienstleistungen erfüllt werden. Die Bedürfnisse, die nicht mit Geld befriedigt werden, wie z. B. das Bedürfnis nach Liebe, Ansehen, Erfolg und Glück, werden als immaterielle Bedürfnisse bezeichnet. Ein Bedürfnis entsteht durch den Eindruck, dass uns etwas fehlt.

Tim, Enrico, Marie und Veronika (von links) im Eingangsbereich der Schule.

1. *Lies die Aussagen von den Jugendlichen und überlege, welche Bedürfnisse sie haben?*

Tim: _____   Enrico: _____

Marie: _____   Veronika: _____

2. *Unterscheide, ob es sich um ein materielles oder immaterielles Bedürfnis handelt.*

Tim: _____   Enrico: _____

Marie: _____   Veronika: _____

3. *Begründe, warum die Jugendlichen diese Bedürfnisse haben.*

Tim: _____

Enrico: _____

Marie: _____

Veronika: _____

Klasse: _____   Datum: _____   Name: _____

Von Bedürfnissen zum Bedarf, von der Nachfrage zum Kauf

Bedürfnisse können auf die **Erhaltung des Körpers** gerichtet sein. Dazu brauchen wir besonders **Nahrung, Wohnung und Kleidung**. Diese werden **Existenzbedürfnisse** genannt.
Wichtig ist auch, besonders für Kinder, dass wir eine Familie und Freunde haben. Damit können wir uns u. a. **soziale Bedürfnisse** erfüllen. Einen Teil der Bedürfnisse wird durch **wirtschaftliche Güter** – Waren und Dienstleistungen – erfüllt.

1. *Fülle die rechte Spalte in Stichworten aus.*

Von Bedürfnissen zum Güterkauf	Erklärung der Stufe	Bezug zum Schüler – Ausprägung bei dir	
1 **Bedürfnisse**	Mangel, der befriedigt werden soll. Wünsche, die uns zur Befriedigung anregen.	Welche Bedürfnisse hast du?	
2 **Bedarf**	Womit kann der Mangel befriedigt werden? Wie dringend ist die Befriedigung? Was ist besonders wichtig? Was ist bezahlbar?	Welche Bedürfnisse sind dir wichtig? Warum ist das so?	
		Welchen Nutzen hat das für dich?	
3 **Nachfrage nach Gütern**	Wie setzt der Käufer Geld am Markt ein?	Wofür gibst du / geben deine Eltern für dich Geld aus?	
4 **Kauf von Waren und Dienstleistungen**	Kauf von Gütern entsprechend Angebot und Nachfrage sowie Preis. Zur Bedürfnisbefriedigung auf Qualität und Preis achten. Weitere Bedürfnisse werden bewusst? Erneut zu Punkt 1.	Benenne, welche Gefühle du bei der Erfüllung eines Bedürfnisses hast.	

Klasse: _____ Datum: _____ Name: _____

Von Bedürfnissen zum Bedarf, von der Nachfrage zum Kauf

Bedürfnisse können auf die **Erhaltung des Körpers** gerichtet sein. Dazu brauchen wir besonders **Nahrung, Wohnung und Kleidung**. Diese werden **Existenzbedürfnisse** genannt. Wichtig ist auch, besonders für Kinder, dass wir eine Familie und Freunde haben. Damit können wir uns u. a. **soziale Bedürfnisse** erfüllen. Die Erfüllung von Bedürfnissen kann mit der Gestaltung des Lebens in Beziehung stehen. Einen Teil der Bedürfnisse wird durch **wirtschaftliche Güter** – Waren und Dienstleistungen – erfüllt. Diese Ausprägung ist Konsumenten unterschiedlich wichtig.

1. *Fülle die rechte Spalte in Stichworten aus. Nutze bei größerem Platzbedarf die Rückseite dieses Blattes und nummeriere deine Antworten.*

Von Bedürfnissen zum Güterkauf	Erklärung der Stufe	Bezug zum Schüler – Ausprägung bei dir	
1 Bedürfnisse	Mangel, der die Motivation auslösen kann, befriedigt zu werden. Wünsche, die uns zur Befriedigung anregen.	Welche Bedürfnisse hast du? Welche Wünsche sind damit verbunden?	
2 Bedarf	Womit kann ein empfundener Mangel befriedigt werden? Welche Einflüsse, z. B. durch Werbung, Freundesgruppe, werden wirksam? Wie dringend ist die Befriedigung des Mangels? Was ist besonders wichtig? Was ist bezahlbar?	Welche Bedürfnisse sind dir wichtig? Welche Gründe hat das?	
		Welcher Bedarf ist vorrangig? Begründe.	
3 Nachfrage nach Gütern	Wie setze ich mein Geld (meine Kaufkraft) am Markt ein?	Wofür gibst du / geben deine Eltern für dich Geld aus?	
4 Kauf von Waren und Dienstleistungen	Güterkauf entsprechend Menge von Angebot und Nachfrage sowie Preishöhe. Zur Bedürfnisbefriedigung auf gute Qualität und günstigen Preis achten. Dafür Informationen gewinnen. Weitere Bedürfnisse können bewusst werden (erneut zu Punkt 1?).	Beschreibe, welche Gefühle erinnerst du bei der Erfüllung eines Bedürfnisses? Was tust du, um deine Interessen beim Kauf zu fördern (z. B. Qualitätsvergleich)?	

Klasse: _____ Datum: _____ Name: _____

Von Bedürfnissen zum Bedarf, von der Nachfrage zum Kauf

Bedürfnisse können auf die **Erhaltung des Körpers** und der Gesundheit gerichtet sein. Dazu brauchen wir u.a. gute **Nahrung, Wohnung und Kleidung.** Diese heißen **Existenzbedürfnisse.** Wichtig ist auch, besonders für Kinder, dass wir eine Familie und Freunde haben. Damit können wir uns u. a. **soziale Bedürfnisse** erfüllen. Die Erfüllung von Bedürfnissen kann mit der Gestaltung des Lebens in Beziehung stehen. Einen Teil der Bedürfnisse wird durch **wirtschaftliche Güter** – Waren und Dienstleistungen – erfüllt. Diese Ausprägung ist Konsumenten unterschiedlich wichtig. Wichtig sind dabei selbstbestimmte und reflektierte Entscheidungen.

1. *Fülle die rechte Spalte in Stichworten aus. Nutze bei größerem Platzbedarf die Rückseite dieses Blattes und nummeriere deine Antworten.*

Von Bedürfnissen zum Güterkauf	Erklärung der Stufe	Bezug zum Schüler – Ausprägung bei dir	
1 Bedürfnisse	Mangel, der die Motivation auslösen kann, befriedigt zu werden. Wünsche, die uns zur Befriedigung anregen.	Welche Bedürfnisse hast du? Welche Wünsche sind damit verbunden?	
2 Bedarf	Womit kann ein empfundener Mangel befriedigt werden? Welche Einflüsse, z. B. durch Werbung, Freundesgruppe, werden wirksam? Wie dringend ist die Befriedigung des Mangels? Was ist besonders wichtig? Was ist bezahlbar?	Welche Bedürfnisse sind dir wichtig? Erkläre Gründe. Hinterfrage Einflüsse kritisch.	
		Welchen Bedarf fragst du vorrangig nach? Begründe.	
3 Nachfrage nach Gütern	Wie setze ich mein Geld (meine Kaufkraft) am Markt ein?	Wofür gibst du / geben deine Eltern für dich Geld aus?	
4 Kauf von Waren und Dienstleistungen	Güterkauf entsprechend Menge von Angebot und Nachfrage sowie Preishöhe. Kaufverhalten aus Verbrauchersicht optimieren. Weitere Bedürfnisse können bewusst werden (erneut zu Punkt 1?).	Welche Gefühle erinnerst du bei der Erfüllung eines Bedürfnisses? Wie förderst du deine Interessen, (z. B. durch ,	

Klasse: _____ Datum: _____ Name: _____

Ökologisch und preisbewusst einkaufen

Dieses Bio-Zeichen garantiert zum Beispiel:

– artgerechte Tierhaltung
– Verzicht auf chemische Pflanzenschutzmittel
– Schutz von Wasser, Luft und Boden durch ökologischen Landbau

1. *Welchen Käse soll Lea kaufen? Begründe.*

_____

_____

_____

_____

_____

_____

2. *Welche Äpfel soll Lea kaufen? Begründe.*

_____

_____

_____

_____

_____

_____

3. *Lea hat ein neues Regal gekauft. Hat sie umweltbewusst eingekauft? Begründe.*

(Hinweis: Holz- und Papierprodukte mit dem FSC-Siegel stammen aus verantwortungsvoll bewirtschafteten Wäldern.)

_____

_____

_____

_____

_____

_____

Klasse: _____ Datum: _____ Name: _____

4. *Lea möchte einen Bio-Joghurt einkaufen.*

    a) Warum?

    _____

    _____

    b) Wird sie es getan haben?

    _____

    _____

5. *Lea will Bio-Eier kaufen.*

    a) Warum?

    _____

    _____

    b) Hat sie die Eier wohl gekauft?

    _____

    _____

6. *Welche der dargestellten Produkte sind besonders gesund?*

_____

_____

_____

_____

_____

_____

7. *Wie schätzt du die Verpackungen aus ökologischer Sicht ein?*

_____

_____

_____

_____

Klasse: _____ Datum: _____ Name: _____

Ökologisch und preisbewusst einkaufen

Dieses Bio-Zeichen garantiert zum Beispiel:

– artgerechte Tierhaltung
– Verzicht auf chemische Pflanzenschutzmittel
– Schutz von Wasser, Luft und Boden durch ökologischen Landbau

1. *Welchen Käse soll Lea kaufen? Begründe aus Sicht des begrenzten Budgets und der Einstellung zu Bioprodukten.*

_____

_____

_____

_____

_____

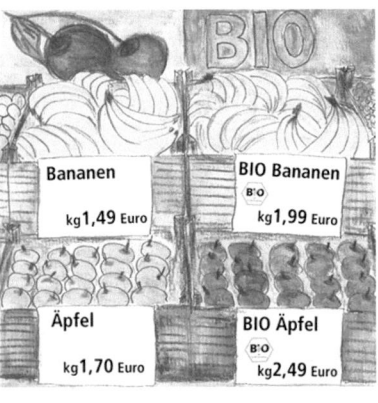

2. *Welche Äpfel soll Lea kaufen? Begründe. Warum haben Bioprodukte i. d. R. einen höheren Preis?*

_____

_____

_____

_____

_____

3. *Lea hat ein neues Regal gekauft. Hat sie umweltbewusst eingekauft[1]? Begründe. Welche Informationen fehlen Lea für einen preisbewussten Einkauf?*

_____

_____

_____

_____

_____

1   Holz- und Papierprodukte mit dem FSC-Siegel stammen aus verantwortungsvoll bewirtschafteten Wäldern.

Klasse: _____ Datum: _____ Name: _____

4. *Lea will Bio-Eier kaufen.*

   a) Warum?

_____

_____

   b) Hat sie die Eier wohl gekauft?
      Begründe eventuell Alternativen

_____

_____

_____

5. *Wie schätzt du die Verpackungen*
   aus ökologischer Sicht ein?
   Begründe eventuell Alternativen.

_____

_____

_____

_____

_____

6. *Nehmt Stellung zu der folgenden Aussage. Überlegt, wer Verbraucherinteressen posi-*
   tiv beeinflussen kann.

> Der Chef des Bundesverbands der Verbraucherzentralen antwortete in einem Interview auf die
> Frage, ob er sich selbst als Verbraucher verantwortungsvoll verhalte, ob er also nur politisch korrekt
> einkaufe, prompt und ehrlich: Nein! Wenn er beim Einkauf sicherstellen müsse, dass alles ökolo-
> gisch und unbedenklich hergestellt werde und das Klima geschont, die Umwelt nicht belastet, die
> Arbeiter fair bezahlt wurden, dann würde ihn das überfordern. Auf Dauer würde vermutlich auch
> sein Geldbeutel gesprengt.

_____

_____

_____

_____

_____

_____

_____

Autor/in: Heinrich Meyer, Silke Meyer; Bildquelle: Peter Wirtz

Von dieser Druckvorlage ist die Vervielfältigung für den eigenen Unterrichtsgebrauch gestattet. Für inhaltliche Veränderungen und Bearbeitungen durch Dritte übernimmt der Verlag keine Verantwortung.

Klasse: _____ Datum: _____ Name: _____

Ökologisch und preisbewusst einkaufen

Dieses Bio-Siegel garantiert zum Beispiel:

– artgerechte Tierhaltung
– Verzicht auf chemische Pflanzenschutzmittel
– Schutz von Wasser, Luft und Boden durch ökologischen Landbau

1. *Welchen Käse soll Lea kaufen? Begründe aus Sicht des begrenzten Budgets und der Einstellung zu Bioprodukten.*

_____

_____

_____

_____

_____

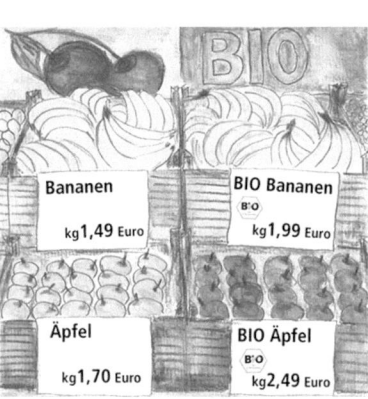

2. *Welche Äpfel soll Lea kaufen? Begründe. Warum haben Bioprodukte i. d. R. einen höheren Preis?*

_____

_____

_____

_____

_____

3. *Lea hat ein neues Regal gekauft. Hat sie umweltbewusst eingekauft[1]? Begründe. Welche Informationen fehlen Lea für einen preisbewussten Einkauf?*

_____

_____

_____

_____

_____

1   Holz- und Papierprodukte mit dem FSC-Siegel stammen aus verantwortungsvoll bewirtschafteten Wäldern.

Klasse: _____ Datum: _____ Name: _____

4. *Lea will Bio-Eier kaufen.*

   a) Warum?

_____

_____

   b) Hat sie die Eier wohl gekauft?
      Begründe eventuell Alternativen

_____

_____

_____

5. *Wie schätzt du die Verpackungen*
   aus ökologischer Sicht ein?
   Begründe eventuell Alternativen.

_____

_____

_____

_____

_____

6. *Nehmt Stellung zu der folgenden Aussage. Überlegt, wie der Staat Verbraucher-*
   interessen positiv beeinflussen kann.

> Der Chef des Bundesverbands der Verbraucherzentralen antwortete in einem Interview auf die
> Frage, ob er sich selbst als Verbraucher verantwortungsvoll verhalte, ob er also nur politisch korrekt
> einkaufe, prompt und ehrlich: „Nein!" Wenn er beim Einkauf sicherstellen müsse, dass alles ökolo-
> gisch und unbedenklich hergestellt werde und das Klima geschont, die Umwelt nicht belastet, die
> Arbeiter fair bezahlt würden, dann würde ihn das überfordern. Auf Dauer würde vermutlich auch
> sein Geldbeutel gesprengt.

_____

_____

_____

_____

_____

_____

Autor/in: Heinrich Meyer, Silke Meyer; Bildquelle: Peter Wirtz

Klasse: _____ Datum: _____ Name: _____

Wirtschaftlich handeln nach dem ökonomischen Prinzip

Jeder Mensch hat eine unbegrenzte Anzahl von Bedürfnissen, die er gern erfüllen möchte. Der Kauf von Gütern (z. B. eine CD) und Dienstleistungen (z. B. eine Fahrradreparatur) ist aber nur möglich, wenn ausreichend finanzielle Mittel zur Verfügung stehen. Um alle Wünsche zu erfüllen, reicht das Geld nicht aus. Diese Knappheit (Mangel) des Geldes macht wirtschaftliches Handeln notwendig. Menschen müssen also das vorhandene Geld gezielt einsetzen, genau planen, abwägen und entscheiden, welche Ausgaben notwendig sind. Dabei gehen sie nach dem ökonomischen Prinzip, dem Maximal- und Minimalprinzip vor, um die Kosten und den Nutzen für sich abzuwägen.

> **Das Maximalprinzip** bedeutet mit einem bestimmten Mitteleinsatz, z. B. dem Einkommen oder einem bestimmten Geldbetrag, den größtmöglichen Nutzen zu erzielen (z. B. viele Waren zu kaufen).
>
> **Das Minimalprinzip** bedeutet mit dem geringsten Einsatz an Mitteln, z. B. mit wenig Geld, ein bestimmtes Ziel zu erreichen (z. B. eine Ware zu kaufen).

1. *Ordne dem Schaubild die Begriffe Minimal- und Maximalprinzip richtig zu.*

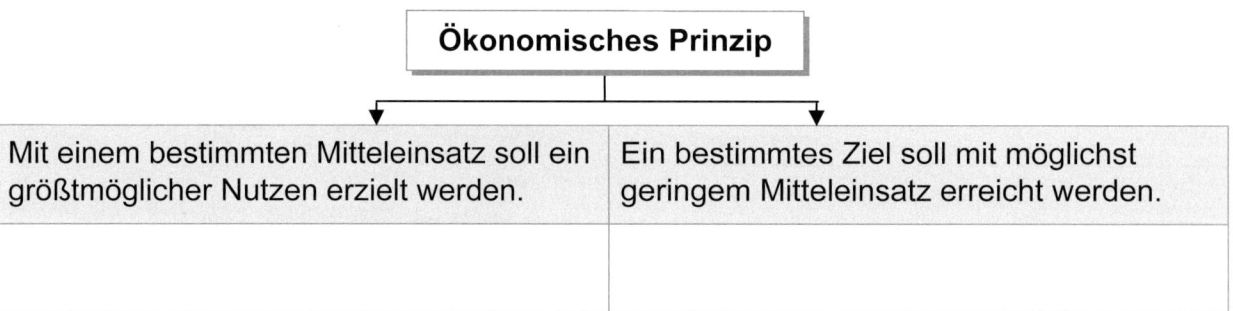

Mit einem bestimmten Mitteleinsatz soll ein größtmöglicher Nutzen erzielt werden.	Ein bestimmtes Ziel soll mit möglichst geringem Mitteleinsatz erreicht werden.

2. *Kreuze an, ob es sich in den Beispielen um das Minimal- oder Maximalprinzip handelt.*

Beispiele	Minimal-prinzip	Maximal-prinzip
Du würdest dir gern eine neue CD mit den aktuellen Chartshits kaufen. Allerdings hast du für dein Ziel nur 20 Euro zur Verfügung. Bevor du dir die CD kaufst, vergleichst du noch die Preise, da du nach dem Kauf noch etwas Geld übrig behalten möchtest.		
Von deinen Eltern hast du 70 Euro erhalten, damit du dir eine neue Jeans kaufen kannst. Du versuchst aber mit deinem Geld möglichst viele Hosen zu kaufen. Zwar ist dann das ganze Geld ausgegeben, aber du hast gleich mehrere neue Kleidungsstücke.		
Du hast noch 4 Euro im Portmonee und möchtest dir dafür möglichst viele Schokoladentafeln mit einem Fair-Trade-Siegel kaufen.		
Du versuchst, mit dem geringsten Arbeitsaufwand dein Klassenziel zu erreichen.		

Klasse: _____ Datum: _____ Name: _____

Wirtschaftlich handeln nach dem ökonomischen Prinzip

Jeder Mensch hat eine unbegrenzte Anzahl von Bedürfnissen, die er gern erfüllen möchte. Der Kauf von Gütern (z. B. eine CD) und Dienstleistungen (z. B. eine Fahrradreparatur) ist aber nur möglich, wenn ausreichend finanzielle Mittel zur Verfügung stehen. Um alle Wünsche zu erfüllen, reicht das Geld nicht aus. Diese Knappheit (Mangel) des Geldes macht wirtschaftliches Handeln notwendig. Menschen müssen also das vorhandene Geld gezielt einsetzen, genau planen, abwägen und entscheiden, in welcher Reihenfolge die Bedürfnisse befriedigt werden sollen. Dabei gehen sie nach dem ökonomischen Prinzip, dem Maximal- und Minimalprinzip vor, um die Kosten und den Nutzen für sich abzuwägen.

> **Das Maximalprinzip** bedeutet mit einem bestimmten Mitteleinsatz, z. B. dem Einkommen oder einem bestimmten Geldbetrag, den größtmöglichen Nutzen zu erzielen (z. B. viele Waren zu kaufen).
>
> **Das Minimalprinzip** bedeutet mit dem geringsten Einsatz an Mitteln, z. B. mit wenig Geld, ein bestimmtes Ziel zu erreichen (z. B. eine Ware zu kaufen).

1. *Fülle das Schaubild mithilfe des Informationstextes aus.*

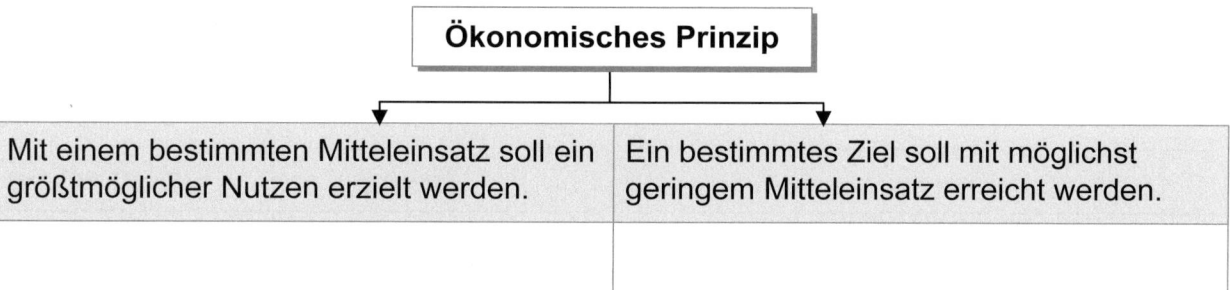

2. *Kreuze an, ob es sich in den Beispielen um das Minimal- oder Maximalprinzip handelt.*

Beispiele	Minimal-prinzip	Maximal-prinzip
Du würdest dir gern eine neue CD mit den aktuellen Chartshits kaufen. Allerdings hast du für dein Ziel nur 20 Euro zur Verfügung. Bevor du dir die CD kaufst, vergleichst du noch die Preise, da du nach dem Kauf noch etwas Geld übrig behalten möchtest.		
Von deinen Eltern hast du 70 Euro erhalten, damit du dir eine neue Jeans kaufen kannst. Du versuchst aber mit deinem Geld möglichst viele Hosen zu kaufen. Zwar ist dann das ganze Geld ausgegeben, aber du hast gleich mehrere neue Kleidungsstücke.		
Du möchtest dir für 4 Euro viele Schokoladentafeln mit einem Fair-Trade-Siegel kaufen, weil dir der nachhaltige Handel wichtig erscheint.		
Du machst selten deine Hausaufgaben und beteiligst dich auch kaum am Unterricht. Du versuchst, mit einem geringen Arbeitsaufwand dein Klassenziel zu erreichen.		

Autor: Denis Mujkanovic

Klasse: _____ Datum: _____ Name: _____

Wirtschaftlich handeln nach dem ökonomischen Prinzip

Jeder Mensch hat eine unbegrenzte Anzahl von Bedürfnissen, die er gern erfüllen möchte. Der Kauf von Gütern (z. B. eine CD) und Dienstleistungen (z. B. eine Fahrradreparatur) ist aber nur möglich, wenn ausreichend finanzielle Mittel zur Verfügung stehen. Diese Knappheit (Mangel) des Geldes macht wirtschaftliches Handeln notwendig. Menschen müssen also das vorhandene Geld gezielt einsetzen, genau planen, abwägen und entscheiden, in welcher Reihenfolge die Bedürfnisse befriedigt werden sollen. Dabei gehen sie nach dem ökonomischen Prinzip, dem Maximal- und Minimalprinzip vor, um die Kosten und den Nutzen für sich abzuwägen.

> **Das Maximalprinzip** bedeutet mit einem bestimmten Mitteleinsatz, z. B. dem Einkommen oder einem bestimmten Geldbetrag, den größtmöglichen Nutzen zu erzielen (z. B. viele Waren zu kaufen).
>
> **Das Minimalprinzip** bedeutet mit dem geringsten Einsatz an Mitteln, z. B. mit wenig Geld, ein bestimmtes Ziel zu erreichen (z. B. eine Ware zu kaufen).

1. *Fülle das Schaubild mithilfe des Informationstextes aus.*

```
            Ökonomisches Prinzip
           ┌───────────┴───────────┐
           ▼                       ▼
┌──────────────────────┬──────────────────────┐
│ _____  │ _____  │
│                      │                      │
│ _____  │ _____  │
│                      │                      │
│ _____  │ _____  │
├──────────────────────┼──────────────────────┤
│ Maximalprinzip       │ Minimalprinzip       │
└──────────────────────┴──────────────────────┘
```

2. *Kreuze an, ob es sich in den Beispielen um das Minimal- oder Maximalprinzip handelt.*

Beispiele	Minimal-prinzip	Maximal-prinzip
Du würdest dir gern eine neue CD mit den aktuellen Chartshits kaufen. Allerdings hast du dafür nur 20 Euro zur Verfügung. Du möchtest aber auch nicht das ganze Geld ausgeben.		
Von deinen Eltern hast du 70 Euro erhalten, damit du dir eine neue Jeans kaufen kannst. Während des Einkaufs findest du aber noch andere Kleidungsstücke, die du auch kaufen möchtest.		
Du möchtest dir viele Schokoladentafeln mit einem Fair-Trade-Siegel kaufen, weil dir der nachhaltige Handel wichtig ist. Du stellst fest, dass du nur noch 4 Euro hast.		
Du machst selten deine Hausaufgaben und beteiligst dich auch kaum am Unterricht. Du erkennst, dass du mit einem geringen Arbeitsaufwand dein Klassenziel nicht erreichst.		

Klasse: _____ Datum: _____ Name: _____

Wirtschaftlich, ökologisch und nachhaltig handeln

Das Angebot an Gütern (Waren und Dienstleistungen) ist sehr groß – wie auch oft unsere Wünsche. Die meisten Menschen können nur einen kleinen Teil der angebotenen Güter kaufen. Für mehr reicht ihr Geld nicht. Sie müssen damit sorgsam umgehen, wirtschaftlich Handeln. Wer wirtschaftlich handelt, ist bestrebt, möglichst wenig Geld auszugeben, um die erstrebte Ware oder Dienstleistung zu bekommen. Er handelt auch wirtschaftlich, wenn er dies mit möglichst wenig Mühen und Zeitverlust erreichen will.

1. Beschreibe, wie die abgebildeten Menschen wirtschaftlich Handeln.

_____

_____

_____

_____

_____

„Lukas, frierst du bitte die Reste ein?"

2. Erkläre Vorteile und Gründe wirtschaftlichen Handelns.

_____

_____

_____

_____

_____

„Ich lege Wert darauf, dass du den sparsamsten Materialschnitt berechnest."

3. Vergleiche die Preise und begründe, warum gleiche Waren oft unterschiedliche Preise haben.

_____

_____

_____

_____

_____

„Wenn wir unsere jeweils 4 € zusammenlegen, haben wir mehr davon."

Klasse: _____ Datum: _____ Name: _____

Ökologisches Handeln bedeutet, dass man die voraussichtlichen Folgen des Handelns für Menschen, Tiere, Pflanzen und sonstige Natur berücksichtigt und sich bemüht, Umweltbelastungen gering zu halten. Dabei kann es kurzfristig Konflikte mit wirtschaftlichem Handeln geben, langfristig sollten wirtschaftliches und ökologisches Handeln übereinstimmen.

4. *Stimmst du mit den Aussagen von Ute, Joel und Lena überein?*

_____

_____

_____

_____

_____

_____

_____

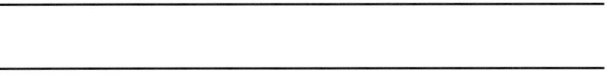

Ute: „Ich kaufe möglichst Bio-Gemüse, auch wenn es mehr kostet. Ich schone die Natur und meine Gesundheit."

5. *Erkläre Vorteile, Nachteile und Gründe ökologischen Handelns.*

_____

_____

_____

_____

_____

_____

Joel: „Wenn die großen Fischfangflotten selbst die jungen Fische fangen, wird es bald gar keine Fische mehr geben. Die denken nur an heute."

_____

_____

_____

_____

_____

Lena: „Warum soll ich die Schokolade mit dem Fairtrade-Siegel kaufen? Die ist doch teurer."

Klasse: _____ Datum: _____ Name: _____

Wirtschaftlich, ökologisch und nachhaltig handeln

Wirtschaftlich handelt jeder, der sich bemüht, die knappen Mittel so sparsam wie möglich zu verbrauchen. Das gilt nicht nur für unser Geld, sondern für alles, was für die Produktion von Gütern zur Verfügung steht. Das gilt auch für die Luft, das Wasser und sogar die Zeit.

1. *Entscheide, ob Max wirtschaftlich handelt? Kreuze das Ja oder Nein an und begründe Deine Antwort jeweils in Stichworten!*

a) Max holt an jedem Tag zum Frühstück für die Familie Brötchen vom Bäcker. Vater, Mutter, sein Bruder Moritz und er essen je 2 Brötchen zum Frühstück, also brauchen sie 8 Brötchen. Bäcker Schlau hat ein Angebot für die Brötchen mit einem Preisschild: Brötchen 0,30 Cent, Sonderangebot: 10 Stück. 2,30 €. Max sagt jeden Tag in der Bäckerei: „Ich möchte 8 Brötchen. Wir brauchen sie zum Frühstück". Moritz der sehr angestrengt am Bau arbeitet, kauft sich jeden Tag noch 3 Brötchen zum Mittag.

☐ JA   ☐ NEIN

_____

_____

b) Max fährt 23 Tage im Monat mit dem Autobus zur Schule in die Stadt und zurück. Eine Karte für eine Hin- und Rückfahrt am Tage kostet für Schüler 1 €. Er kann auch eine Monatskarte kaufen, die aber 20 € kostet. Er entscheidet sich für die Monatskarte.

☐ JA   ☐ NEIN

_____

_____

c) Max kann am Samstag beim Tennisverein in der Stadt als Balljunge für vier Stunden 40 € verdienen oder im Garten des Nachbarn in drei Stunden 25 €. Er fährt in die Stadt.

☐ JA   ☐ NEIN

_____

_____

_____

d) Max hat die Gewohnheit, besonders im Winter in seinem Zimmer die Fenster oft gekippt zu öffnen, um zu lüften. Wenn er sein Zimmer verlässt, lässt er sie fast immer offen.

☐ JA   ☐ NEIN

_____

Autor: Dietmar Krafft

Klasse: _____ Datum: _____ Name: _____

e) Max geht gern ins Kino. Für eine Kinokarte muss Max jeweils 6 € bezahlen. Weil er so oft ins Kino kommt, bietet ihm der Manager an, dass er jedes Mal 30 Minuten früher kommen könnte, um bis zum Filmanfang Popcorn zu verkaufen. Er hätte dafür dann freien Eintritt. Max bedankt sich, nimmt aber das Angebot nicht an. „Ich gebe fast immer, bevor ich komme, Nachhilfe in Englisch. Und da erhalte ich für die Stunde vor dem Kino 10 €. Ich kann dann bezahlen und habe noch 4 € übrig."

☐ JA   ☐ NEIN

_____

_____

f) Max hat zum Geburtstag von seinem Großvater 500 € bekommen, damit er in den Ferien eine Reise ganz nach seinen Vorstellungen machen kann. Da er gern am Meer ist, sucht er im Internet die längste All-inclusive-Reise an der Ostsee, die er von Lüneburg aus mit dem Fahrrad erreichen kann.

☐ JA   ☐ NEIN

_____

_____

g) Max ist bei seinem Onkel auf dem Bauernhof. Er bekommt die Aufgabe, die Hühner mit Körnern zu versorgen. Sie laufen auf einer umzäunten Wiese. Er streut so, dass die Hälfte hinter den Zaun fällt.

☐ JA   ☐ NEIN

_____

h) Max bekommt zwei Angebote für die Zeit nach Schulabschluss: Spielhallenaufsicht mit 40 Std./Woche für 1.050 € / Monat oder als Azubi bei einer Versicherung mit 1. Ausbildungsjahr 820 €, 2. Jahr 860 €, 3. Jahr 930 €. Er wählt die Versicherung.

☐ JA   ☐ NEIN

_____

_____

i) Max und Moritz bekommen für den T-Shirt-Kauf jeweils 20 Euro von der Mutter. Moritz sagt, ich kaufe mir im Großmarkt bei der Schule 2 Shirts zu 10 Euro / Stück. Zwei ist immer besser als eins. Max sagt aber, dass er in der Stadt ein cooles Shirt für 18 € gesehen hat. Er will extra dorthin fahren, obwohl die Buskarte 2 € kostet.

☐ JA   ☐ NEIN

_____

Klasse: _____   Datum: _____   Name: _____

Wirtschaftlich, ökologisch und nachhaltig handeln

Wirtschaftliches Handeln wird immer dann notwendig, wenn die Mittel zur Befriedigung der menschlichen Bedürfnisse knapp sind oder knapp werden. Dann gilt es, die gegebenen Mittel so einzusetzen, dass ein möglichst hoher Nutzen geschaffen wird oder dass man die geringsten Mittel einsetzt, um einen bestimmten Nutzen oder Erfolg zu erreichen. Dies ist aber in einer Marktwirtschaft sehr schwer zu entscheiden.

Beispiel 1: Max geht in einen Laden, in dem z. B. der Preis für 1 kg Zucker 0,80 € ist. Der Laden gegenüber hat Zucker für 0,70 €. Also kauft er dort. Er geht nach Hause und unterwegs kauft er noch 1 kg Mehl. Dabei sieht er, dass man hier den Zucker für 0,65 bekommt.
Schreibe eine ähnliche Situation auf, die du erlebt hast:

_____

_____

_____

_____

Beispiel 2: Max braucht neue Socken. Im Geschäft sind völlig gleich aussehende ausgezeichnet: Bella 1 Paar 2,50 €, Kari Vorzugspreis 3 Paar, 3,50 €. Natürlich nimmt Max die Kari. An jedem Tag ist sein Fuß zwischen den Zehen verfärbt und die erste Kari-Socke hat ein Loch.
Schreibe eine ähnliche Situation auf, die du erlebt hast:

_____

_____

_____

Beispiel 3: Max hatte vom Opa wieder einmal 500 € erhalten. Er sollte sie sparen für den nächsten Urlaub oder für ein neues Rennrad. Im Internet sah er eine Anzeige: **„150 Euro auf Ihr neues Konto**. Jetzt ein neues Konto eröffnen und 150 € Bonus kassieren". Das ist wirtschaftliches Handeln, dachte er, und nahm das Angebot an. Gestern wollte er das Geld für das Rennrad abheben. Leider war die Service-Zentrale mit dem Geld und anderem verschwunden.
Schreibe eine ähnliche Situation auf, die du oder deine Eltern erlebt haben.

_____

_____

_____

_____

Klasse: _____ Datum: _____ Name: _____

Beim wirtschaftlichen Handeln muss man berücksichtigen, dass viele Güter so behandelt werden, dass sie zwar für ein Bedürfnis Befriedigung schaffen, aber gleichzeitig Schäden anrichten. Beispiele sind z. B., dass der Skisport Erholung und Freude schafft, aber Slalomhänge und Touristen die Natur zerstören: Winterspiele hinterlassen in der Natur große Schäden.

Beschreibe zwei Beispiele: _____

_____

_____

_____

Mit vielen in der Natur vorkommenden Mitteln[1] (Wasser, Erdöl, Urwald, Kohle, Metalle u. a. m.) findet zwar durch wirtschaftliches Handeln eine Befriedigung von Bedürfnissen statt, aber vielfach ist es auch ein zerstörerischer Raubbau.

Beschreibe ein Beispiel: _____

_____

_____

_____

Dabei kommt es zum Konflikt zwischen dem wirtschaftlichem Handeln (durch Schaffung von heute wichtigen Lebensgrundlagen) und ökologischem sowie nachhaltigem Handeln (für zukünftige Lebensgrundlagen). Wenn die Mittel knapp sind, ist es außerordentlich wichtig, sie so einzusetzen, dass ein möglichst großer Nutzen entsteht.
Der Verbraucher ist bei Konflikten gegenüber den Anbietern der Waren im Nachteil, weil der Anbieter sich auf ein Spezialgebiet beschränken kann, Lebensmittel, Textilien, Finanzen, während der Verbraucher alles beherrschen müsste. Der Staat hat daher Erleichterungen geschaffen, die dem Verbraucher helfen. Man kann sich im Internet über Hilfen für den Verbraucher informieren. Die wichtigsten sind in einer Zentrale in Berlin, aber auch in jedem Land der Bundesrepublik. Kennst du sie?

_____

_____

Zwar nicht für Socken, aber für teurere Gegenstände gibt es eine Institution, die monatlich ein Heft herausgibt, in dem über viele Waren eine sehr genaue Beschreibung der Vorzüge und Mängel sowie der Preise dargestellt wird. Auch über Umgang mit Geld erscheint monatlich eine Informationsschrift dieser Institution.

Die Institution heißt: _____

1 Für die Mittel, die geeignet sind, Güter zur Bedarfsdeckung hervorzubringen, wird auch das Wort „Ressourcen" verwendet, d.h., Quellen, aus denen Güter für die menschliche Nutzung entstehen, also menschliche Arbeit, Wasser, Erdöl, Wälder, Felder, Kohle, Metalle, klimatische Bedingungen, Tiere u. a. m.

Klasse: _____ Datum: _____ Name: _____

Kaufgespräche einschätzen

1. *Einen Rock kaufen*

Lea: „Ich habe gestern in einem Geschäft einen Rock anprobiert, der mir perfekt
         steht. Ich sehe darin super aus. Sibel sagt das auch. Soll ich ihn kaufen?
         Er ist ziemlich teuer."

Maren: „Du und ein Rock! Du wolltest doch bisher gar keine Röcke tragen.
         Was ist mit dir los?"

Lea überlegt, den Rock zu kaufen, weil _____

2. *Der Autokauf*

Mehmet: „Ich habe gestern beim Autohaus Müller einen neuen Wagen gesehen.
        Er schluckt nur 4 Liter, ist aber recht teuer. Der ist super für die Umwelt.
        Wenn ich genug Geld hätte, würde ich den kaufen."

Maja: „Ich würde ihn nicht kaufen. Der ist zu teuer. Das rechnet sich frühestens nach
         sechs bis sieben Jahren."

Mehmet würde das Auto kaufen, weil _____

_____

_____

Maja würde das Auto nicht kaufen, weil _____

_____

_____

Wem stimmst du eher zu, Mehmet oder Maja? Begründe! _____

_____

_____

3. *In einem Shop*

Julia: „Ich will diese Hose kaufen. Die Farbe ist modern, der Schnitt lässig.
         Sie kostet nur 24 €."

Sarah: „Ich kaufe die Hose zu 29 €. Die sieht echt stark aus, ist gut verarbeitet und hält
         länger."

Julia kauft die Hose, weil _____

Sarah kauft die Hose, weil _____

Wem stimmst du eher zu? Begründe! _____

_____

_____

Autor/in: Heinrich Meyer, Silke Meyer

Klasse: _____ Datum: _____ Name: _____

Kaufgespräche einschätzen

1. *Einen Rock kaufen*

Lea: Ich habe gestern einen Rock anprobiert, der mir perfekt steht. Ich sehe darin super aus. Sibel sagt das auch. Soll ich ihn kaufen? Er ist ziemlich teuer."

Maren: „Du und ein Rock! Das gibt es nicht. Du wolltest bisher gar keine Röcke tragen."

Lea überlegt, den Rock zu kaufen, weil _____

Bedenkt sie den Preis? _____

_____

2. *Der Autokauf*

Mehmet: „Ich habe gestern beim Autohaus Müller einen neuen PKW gesehen. Er hat Hybridantrieb[1] und ist im Verbrauch günstig. In der Anschaffung ist er teuer, aber super für die Umwelt. Wenn ich genug Geld hätte, würde ich den kaufen."

Maja: „Ich würde ihn nicht kaufen. Das rechnet sich erst nach sieben Jahren. Für die Umweltkosten muss die aufwändige Technik berücksichtigt werden."

Mehmet würde das Auto kaufen, weil _____

_____

_____

Maja würde das Auto nicht kaufen, weil _____

_____

_____

Wem stimmst du eher zu? Begründe! _____

_____

3. *In einem Shop*

Julia: „Ich will diese Hose kaufen – moderne Farbe, lässiger Schnitt. Sie kostet nur 24 €."

Sarah: „Ich kaufe die Hose zu 29 €. Die sieht echt stark aus, ist gut verarbeitet und hält länger." Auch stammt sie aus fairem Handel[2]."

Julia kauft die Hose, weil _____

Sarah kauft die Hose, weil _____

Wem stimmst du eher zu? Begründe! _____

_____

---

1   Kombination eines Elektro- mit einem Verbrennungsmotor
2   Produzenten in Entwicklungsländern erhalten Löhne, die Lebenshaltungskosten decken; Produktion möglichst ökologisch, am Fairtrade-Siegel zu erkennen.

Klasse: _____   Datum: _____   Name: _____

Kaufgespräche einschätzen

1. *Einen Rock kaufen*

Lea: Ich habe gestern einen Rock anprobiert – steht mir perfekt. Ich sehe darin super
         aus. Popstar Viola hat einen ähnlichen. Soll ich ihn kaufen? Er ist ziemlich teuer."
Maren: „Du und Rock! Du wolltest bisher keine Röcke tragen. Was ist mit dir los?"

Lea überlegt, den Rock zu kaufen, weil _____

_____

Bedenkt sie den Preis? _____

2. *Der Autokauf*

Mehmet: „Ich habe gestern beim Autohaus Müller einen neuen Wagen gesehen.
         Er hat Hybridantrieb[1] und verbraucht wenig. Sein Preis ist aber hoch. Der ist
         super für die Umwelt. Wenn ich genug Geld hätte, würde ich den kaufen."
Maja: „Ich würde ihn nicht kaufen. Das rechnet sich nach sechs bis sieben Jahren.
         Die Umweltkosten bestehen nicht nur aus dem Verbrauch."

Mehmet würde das Auto kaufen, weil _____

_____

_____

Maja würde das Auto nicht kaufen, weil _____

_____

Wem stimmst du eher zu? Begründe! _____

_____

3. *In einem Shop*

Julia: „Ich will diese Hose kaufen – moderne Farbe, lässiger Schnitt. Sie kostet nur 24 €."
Sarah: „Ich kaufe die Hose zu 29 €. Die sieht echt stark aus, ist gut verarbeitet und hält
         länger." Auch stammt sie aus fairem Handel[2]."

Julia kauft die Hose, weil _____

Sarah kauft die Hose, weil _____

_____

Wem stimmst du eher zu? Begründe! _____

_____

1 Kombination eines Elektro- mit einem Verbrennungsmotor
2 Produzenten in Entwicklungsländern erhalten Löhne, die Lebenshaltungskosten decken; Produktion möglichst
   ökologisch, am Fairtrade-Siegel zu erkennen.

Autor/in: Heinrich Meyer, Silke Meyer

Klasse: _____ Datum: _____ Name: _____

Der Platz der Waren im Supermarkt

1. *Ermittele in einem Supermarkt den Ort, wo sich bestimmte Produkte befinden.*

2. *Ordne ausgewählte Produkte an den vier Orten ein. Trage den Namen des Produkts und den Preis ein.*

3. *Ordne die Produkte diesen Warengruppen zu:*

> Süßigkeiten und Zigaretten | Fleischprodukte | Milcherzeugnisse | Sonderangebote | preiswerte Waren des täglichen Bedarfs | teure Waren | Tiefkühlprodukte

Ergänze entsprechend in der rechten Spalte der Tabelle.

Ganz unten im Regal stehen (Ort 1)

Nr.	Name des Produkts	Preis in Euro	Warengruppe

In Augenhöhe stehen im Regal (Ort 2)

Nr.	Name des Produkts	Preis in Euro	Warengruppe

In Schütt- oder Grabbelkörben sind (Ort 3)

Nr.	Name des Produkts	Preis in Euro	Warengruppe

In Nähe der Kasse sind angeordnet (Ort 4)

Nr.	Name des Produkts	Preis in Euro	Warengruppe

4. *Was fällt dir bei dem Ergebnis zu Aufgabe 3 auf?*

_____

_____

Copy 20

Klasse: _____ Datum: _____ Name: _____

Der Platz der Waren im Supermarkt

1. *Ermittele in einem Supermarkt den Ort, wo sich bestimmte Produkte befinden.*

2. *Ordne ausgewählte Waren an den vier Orten ein. Trage Produktname und Preis ein.*

3. *Ordne die Produkte diesen Warengruppen zu:*

> Süßigkeiten und Zigaretten | Fleischprodukte | Milcherzeugnisse | Sonderangebote |
> eher preiswerte Waren des täglichen Bedarfs | eher teure Waren | Tiefkühlprodukte

Ergänze entsprechend in der rechten Spalte der Tabelle.

Ganz unten im Regal stehen (Ort 1)

Nr.	Name des Produkts	Preis in Euro	Warengruppe

In Augenhöhe stehen im Regal (Ort 2)

Nr.	Name des Produkts	Preis in Euro	Warengruppe

In Schütt- oder Grabbelkörben sind (Ort 3)

Nr.	Name des Produkts	Preis in Euro	Warengruppe

In Nähe der Kasse sind angeordnet (Ort 4)

Nr.	Name des Produkts	Preis in Euro	Warengruppe

4. *Werte die Ergebnisse aus. Entwickle dafür Gesichtspunkte: z. B. Warenanordnung und Preis; Nähe zum Hauptweg der Käufer. Nutze dazu die Rückseite des Blattes.*

Klasse: _____ Datum: _____ Name: _____

Der Platz der Waren im Supermarkt

1. *Ermittele in einem Supermarkt den Ort, wo sich bestimmte Produkte befinden.*

2. *Ordne ausgewählte Waren an den vier Orten ein. Trage Produktname und Preis ein.*

3. *Ordne die Produkte diesen Warengruppen zu:*

> Süßigkeiten und Zigaretten | Fleischprodukte | Milcherzeugnisse | Sonderangebote |
> eher preiswerte Waren des täglichen Bedarfs | eher teure Waren | Tiefkühlprodukte

Ergänze in der rechten Spalte.

Ganz unten im Regal stehen (Ort 1)

Nr.	Name des Produkts	Preis in Euro	Warengruppe

In Augenhöhe stehen im Regal (Ort 2)

Nr.	Name des Produkts	Preis in Euro	Warengruppe

In Schütt- oder Grabbelkörben sind (Ort 3)

Nr.	Name des Produkts	Preis in Euro	Warengruppe

In Nähe der Kasse sind angeordnet (Ort 4)

Nr.	Name des Produkts	Preis in Euro	Warengruppe

4. *Werte die Ergebnisse aus. Entwickle dafür Gesichtspunkte: z. B. Warenanordnung und Preis; Nähe zum Hauptweg der Käufer; Einschätzung der Anordnung aus Verbrauchersicht. Nutze dazu die Rückseite des Blattes.*

Klasse: _____ Datum: _____ Name: _____

Wie schätzt du die Werbeabbildungen ein?

1. Vergleiche die Werbeabbildung für „Eisfit" und „Naturliebe".

1. An welche Zielgruppe[1] wenden sich die Abbildungen?		
2. Wie wirken die Tiere auf den Betrachter?		
3. Wie dürfte die Landschaft auf die Zielgruppe wirken?		
4. Wie dürfte der Produktname auf die Zielgruppe wirken?		
5. Wie dürfte der Text auf die Zielgruppe wirken?		
6. Welche Informationen über das Produkt sind noch wichtig?		

2. Worin unterscheiden sich die Produkte? Nutze deine Ergebnisse zu den Punkten 2–5.

_____

_____

3. Welches der beiden Produkte würdest du am ehesten kaufen? Begründe.

_____

_____

1 geplante Käufergruppe

Autor/in: Heinrich Meyer, Silke Meyer; Bildquelle: Annette Schamuhn

Klasse: _____ Datum: _____ Name: _____

Wie schätzt du die Werbeabbildungen ein?

1. *Vergleiche die Werbeabbildung für „Eisfit" und „Naturliebe". Nutze dabei die Stichworte in der Tabelle.*

An welche Zielgruppe[1] wenden sich die Abbildungen?		
Beschreibe deine Gefühle und Gedanken bei der ersten Betrachtung.		
Wie schätzt du die Wirkung der Tiere ein?		
Wie dürfte die Landschaft auf die Zielgruppe wirken?		
Wie dürfte der Produktname auf die Zielgruppe wirken?		
Wie dürfte der Text auf die Zielgruppe wirken?		
Was ist für den klugen Verbraucher noch über das Produkt wichtig?		

2. *Welches der beiden Produkte würdest du am ehesten kaufen? Begründe. Nutze die Rückseite des Blattes.*

3. *Was würdest du an der Werbeabbildung des Produkts Eisfit ändern. Begründe. Nutze die Rückseite des Blattes.*

1   geplante Käufergruppe

Klasse: _____ Datum: _____ Name: _____

Wie schätzt du die Werbeabbildungen ein?

1. *Vergleiche die Werbeabbildung für „Eisfit" und „Naturliebe". Nutze dabei die Stichworte in der Tabelle.*

An welche Zielgruppe[1] wenden sich die Abbildungen?		
Beschreibe deine Gefühle und Gedanken bei der ersten Betrachtung.		
Wie schätzt du die Wirkung der Tiere ein?		
Wie dürfte die Landschaft auf die Zielgruppe wirken?		
Wie dürfte der Produktname auf die Zielgruppe wirken?		
Wie dürfte der Text auf die Zielgruppe wirken?		
Was ist für den klugen Verbraucher noch über das Produkt wichtig?		

2. *Welches der beiden Produkte würdest du am ehesten kaufen? Begründe in ganzen Sätzen. Nutze die Rückseite des Blattes.*

3. *Was würdest du an der Werbeabbildung des Produkts Eisfit ändern. Begründe ausführlich in ganzen Sätzen. Nutze die Rückseite des Blattes.*

1   geplante Käufergruppe

Autor/in: Heinrich Meyer, Silke Meyer; Bildquelle: Annette Schamuhn

Klasse: _____   Datum: _____   Name: _____

Werbung mal anders

1. *Bearbeite die Fragen.*

a) Für welche Ziele wird von wem geworben?

_____

_____

_____

_____

Bist du dabei?   ■ www.rauch-frei.info

Mit freundlicher Genehmigung und Unterstützung der Bundeszentrale für gesundheitliche Aufklärung im Rahmen der Rauchfrei-Jugend-kampagne

b) Welche Gruppe von Bürgern wird angesprochen?

_____

_____

_____

c) Welches Verhalten soll gefördert werden?

_____

_____

_____

_____

d) Welche Gedanken löst die Abbildung bei dir aus?

_____

_____

_____

_____

_____

_____

_____

Klasse: _____ Datum: _____ Name: _____

Werbung mal anders

1. *Bearbeite die Fragen.*

a) Für welche Ziele wird von wem geworben?

_____

_____

_____

b) Welche Bevölkerungsgruppe soll angesprochen werden?

_____

_____

c) Welches Verhalten soll wodurch gefördert werden?

_____

_____

d) Was für Gefühle löst die Abbildung bei dir aus?

_____

_____

_____

_____

_____

Mit freundlicher Genehmigung und Unterstützung der Bundeszentrale für gesundheitliche Aufklärung im Rahmen der Rauchfrei-Jugend-kampagne

e) Fühlst du dich von der Aussage der Werbung angesprochen? Begründe!

_____

_____

_____

_____

_____

Autor/in: Heinrich Meyer, Silke Meyer

Copy 22

Klasse: _____ Datum: _____ Name: _____

Werbung mal anders

1. *Bearbeite die Fragen.*

a) Für welche Ziele wird von wem geworben?

_____

_____

_____

b) Welche Zielgruppe soll angesprochen werden?

_____

_____

c) Welches Verhalten soll wodurch gefördert werden?

_____

_____

d) Welche Gedanken hast du bei der Betrachtung? Sind die Aussagen zutreffend?

_____

_____

> **BZgA**
> Bundeszentrale
> für
> gesundheitliche
> Aufklärung
>
> **Wer nicht aus der Puste kommen will, bleibt rauchfrei.**
>
> *rauchfrei!*
>
> **Bist du dabei?**   ▪ www.rauch-frei.info

Mit freundlicher Genehmigung und Unterstützung der Bundeszentrale für gesundheitliche Aufklärung im Rahmen der Rauchfrei-Jugend-kampagne

_____

_____

e) Fühlst du dich von der Aussage der Werbung angesprochen? Begründe!

_____

_____

_____

_____

_____

 **Copy 22**

Klasse: _____ Datum: _____ Name: _____

Rechtsfähigkeit und Geschäftsfähigkeit

Eine wichtige Grundlage für das Zusammenleben und Wirtschaften des Menschen bildet die Rechtsordnung. Damit sind Gesetze und Verordnungen gemeint. An sie müssen sich die Wirtschaftsteilnehmer (Bürger, Unternehmen und der Staat) halten.
Mit der Geburt besitzt jede Person Rechte und Pflichten, die im Bürgerlichen Gesetzbuch festgelegt sind. Darin ist vermerkt, dass Personen ab einem bestimmten Alter bestimmte Rechte erhalten. Zum Schutz der Kinder und Jugendlichen regelt das Gesetz, ab welchem Alter sie geschäftsfähig sind. Die Geschäftsfähigkeit beinhaltet bestimmte Rechte und Pflichte, die z. B. bei Kaufverträgen, Kündigungen und Schenkungen gelten.

1. *In der Tabelle sind 3 Fälle dargestellt. Überlege, ob der Kaufvertrag gültig ist.
Begründe deine Antwort mithilfe der Regelungen zur Geschäftsfähigkeit.*

Regelungen zur Geschäftsfähigkeit

Geschäftsunfähig: Sind Kinder bis zum vollendeten 7. Lebensjahr
Beschränkt geschäftsfähig: Sind Kinder und Jugendliche vom vollendeten 7. Lebensjahr bis zum vollendeten 18. Lebensjahr. Verträge erfordern die Zustimmung der gesetzlichen Vertreter (in der Regel der Eltern).
Voll geschäftsfähig: Sind Personen, die das 18. Lebensjahr vollendet haben.
Taschengeldparagraf: Kinder und Jugendliche bis zum vollendeten 18. Lebensjahr können über die Höhe ihres Taschengeld (ohne Ratenzahlung) verfügen, müssen aber bei größeren Anschaffungen, die Zustimmung des gesetzlichen Vertreters einholen.

Fälle	Lösungen
Der 14-jährige Joshua hat sein Taschengeld über mehrere Monate gespart und kauft sich in einem Elektromarkt ohne Zustimmung der Eltern ein Fernsehgerät für 800 Euro. Seine Eltern bringen das Gerät zum Händler zurück. Muss der Händler das Gerät zurücknehmen? Berücksichtige das Alter und die Geschäftsfähigkeit.	
Die 12-jährige Pia kauft sich ohne Wissen ihrer Eltern von ihrem ersparten Geld eine CD für 20 Euro. Hätte eine schriftliche Zustimmung der Eltern vorliegen müssen? Oder gilt hier die Regelung des Taschengeldparagrafen?	
Der 17-jährige Mohamed erhält monatlich 70 Euro Taschengeld. Mittlerweile hat er 200 Euro angespart, wovon er die neuste Playstation für 400 Euro in Ratenkauf erwerben möchte. Seine Eltern erlauben ihm die Spielekonsole zu kaufen. Darf er den Vertrag abschließen, obwohl er beschränkt geschäftsfähig ist?	

  **Copy 23**

Klasse: _____ Datum: _____ Name: _____

Rechtsfähigkeit und Geschäftsfähigkeit

Eine wichtige Grundlage für das Zusammenleben und Wirtschaften des Menschen bildet die Rechtsordnung. Damit sind die Gesetze und Verordnungen gemeint, an die sich Wirtschaftsteilnehmer, wie z. B. Bürger, Unternehmen und der Staat, zu halten haben.
Mit der Geburt besitzt jede Person Rechte und Pflichten (Rechtsfähigkeit), die im Bürgerlichen Gesetzbuch (BGB) festgelegt sind. Darin ist vermerkt, dass mit einem festgelegten Alter bestimmte Rechte verbunden sind. Zum Schutz der Kinder und Jugendlichen regelt das BGB ab welchem Alter sie geschäftsfähig sind. Die Geschäftsfähigkeit beinhaltet Rechte und Pflichte, die bei Kaufverträgen, Kündigungen und Schenkungen für beide Vertragspartner gelten.

1. *In der Tabelle sind 3 Fälle dargestellt. Überlege, ob der Kaufvertrag gültig ist.*
Begründe deine Antwort mithilfe der Regelungen zur Geschäftsfähigkeit.

Regelungen zur Geschäftsfähigkeit

> **Geschäftsunfähig:** Sind Personen bis zum vollendeten 7. Lebensjahr.
> **Beschränkt geschäftsfähig:** Sind Personen vom vollendeten 7. Lebensjahr bis zum vollendeten 18. Lebensjahr. Verträge bedürfen der Einwilligung des gesetzlichen Vertreters (in der Regel der Eltern).
> **Voll geschäftsfähig:** sind Personen, die das 18. Lebensjahr vollendet haben.
> **Taschengeldparagraf:** Beschränkt Geschäftsfähige können Verträge über die Höhe ihres Taschengeldes (ohne Ratenzahlung) abschließen, müssen aber bei größeren Anschaffungen, die Einwilligung des gesetzlichen Vertreters einholen.

Fälle	Lösungen
Der 14-jährige Joshua hat sein Taschengeld über mehrere Monate gespart und kauft sich in einem Elektromarkt ein Fernsehgerät für 800 Euro. Seine Eltern sind mit dem Kauf nicht einverstanden und bringen das Gerät zum Händler zurück. Was muss der Händler ihnen anbieten?	
Die 12-jährige Pia kauft sich ohne Wissen ihrer Eltern von ihrem ersparten Geld eine CD für 20 Euro. Können die Eltern den Vertrag rückgängig machen? Hätte eine schriftliche Zustimmung der Eltern vorliegen müssen?	
Der 17-jährige Mohamed erhält monatlich 70 Euro Taschengeld. Mittlerweile hat er 200 Euro gespart, wovon er die neuste Playstation für 400 Euro in Ratenkauf kaufen möchte. Seine Eltern erlauben ihm die Spielekonsole zu kaufen. Darf er den Ratenvertrag abschließen?	

Klasse: _____ Datum: _____ Name: _____

Rechtsfähigkeit und Geschäftsfähigkeit

Eine wichtige Grundlage für das Zusammenleben und Wirtschaften des Menschen bildet die Rechtsordnung. Damit sind die Gesetze und Verordnungen gemeint, an die sich Wirtschaftssubjekte, wie z. B. Bürger, Unternehmen und der Staat, zu halten haben. Mit der Geburt besitzt jede Person Rechte und Pflichten (Rechtsfähigkeit), die im Bürgerlichen Gesetzbuch (BGB) festgelegt sind. Darin ist vermerkt, dass mit einem festgelegten Alter bestimmte Rechte verbunden sind. Zum Schutz der Kinder und Jugendlichen regelt das BGB, ab welchem Alter sie geschäftsfähig sind. Die Geschäftsfähigkeit beinhaltet Rechte und Pflichte, die bei Kaufverträgen, Kündigungen und Schenkungen für beide Vertragsparteien gelten.

1. *In der der Tabelle sind 4 Fälle dargestellt. Überlege, ob der Kaufvertrag gültig ist. Begründe deine Antwort mithilfe der Regelungen zur Geschäftsfähigkeit.*

Regelungen zur Geschäftsfähigkeit

Geschäftsunfähig: sind Personen bis zum vollendeten 7. Lebensjahr.
Beschränkt geschäftsfähig: sind Personen vom vollendeten 7. Lebensjahr bis zum vollendeten 18. Lebensjahr. Verträge bedürfen der Einwilligung des gesetzlichen Vertreters (in der Regel der Eltern).
Voll geschäftsfähig: sind Personen, die das 18. Lebensjahr vollendet haben.
Taschengeldparagraph: Beschränkt Geschäftsfähige können Verträge (ohne Ratenzahlung) ohne Zustimmung des gesetzlichen Vertreters abschließen, sofern ihnen die Mittel zu diesem Zweck (bestimmter Kaufgegenstand) oder zur freien Verfügung überlassen worden sind.

Fälle	Lösungen
Der 14-jährige Joshua hat sein Taschengeld über mehrere Monate gespart und kauft sich in einem Elektromarkt ein Fernsehgerät für 800 Euro. Seine Eltern sind mit dem Kauf nicht einverstanden.	
Die 12-jährige Pia kauft sich ohne Wissen ihrer Eltern von ihrem ersparten Geld eine CD für 20 Euro. Ist ein wirksamer Kaufvertrag zustande gekommen?	
Der 17-jährige Mohamed erhält monatlich 70 Euro Taschengeld. Mittlerweile hat er 200 Euro gespart, wovon er die neuste Playstation für 400 Euro in Ratenkauf erwerben möchte. Seine Eltern erlauben ihm die Spielekonsole zu kaufen.	
Der 6-jährige Pascal kauft vom Taschengeld im nahegelegenen Lebensmittelmarkt eine Tüte Fruchtbonbons für 1,20 Euro.	

Autor: Denis Mujkanovic

Klasse: _____ Datum: _____ Name: _____

Gewährleistung, Kulanz oder Garantie?

Begriffliche Grundlagen

— Unter *Gewährleistung* versteht man die gesetzliche Verpflichtung des Verkäufers.
Er muss innerhalb von 2 Jahren einen vorhandenen Fehler an der Ware beheben oder ein
mangelhaftes Produkt zurückzunehmen. Achtung: Er kann sich nicht weigern, denn der
Händler müsste dir sonst nachweisen, dass du die Ware kaputt gemacht hast! Erst wenn
ein halbes Jahr nach dem Kauf vergangen ist, musst du beweisen, dass der Mangel (Fehler) schon beim Kauf vorhanden war.

— Unter *Kulanz* wird eine freiwillige Zusage eines Händlers oder Herstellers verstanden, eine
Ware umzutauschen. In einem solchen Fall ist beispielsweise der Händler, bei dem ein
Kleidungsstück gekauft wurde, so nett und tauscht es um oder gibt dir ein anderes dafür.
Vielleicht bekommst du auch einen Gutschein oder sogar das Geld zurück. Die Kulanz des
Händlers ist nicht gesetzlich oder vertraglich geregelt. Der Händler kann, muss aber die
Ware nicht zurück nehmen.

— Unter *Garantie* versteht man die freiwillige Zusage eines Herstellers oder eines Händlers,
für Fehler an einem Produkt zu haften. Die Garantie ist also nicht gesetzlich festgelegt!
So hat zum Beispiel eine Kaffeemaschine 2 Jahre Gewährleistung. Ein Elektromarkt kann
die Maschine aber z. B. mit 4 Jahren Garantie anbieten. Dies soll vor allem das Vertrauen
der Kunden in den Hersteller oder den Händler stärken. Die Garantiezusage bezieht sich
immer auf die Funktion bestimmter Teile oder auf das ganze Gerät.

1. *Fülle den Lückentext mit den Stichworten aus.*

Gewährleistung

Gewährleistung ist die _____ geregelte Verpflichtung für den Verkäufer eine

_____ Warenlieferung nachzuerfüllen. Unter Nacherfüllung versteht

man entweder das _____ oder das _____ der Ware.

Eine Gewährleistung dauert _____ Jahre.

> defekt/unvollständig, gesetzlich, Reparieren, 2, Austauschen

Garantie

Eine Garantie ist die _____ Zusage eines Herstellers und bezieht sich auf

_____ Teile oder Funktionen der Ware. Der Händler kann sich die

Garantiedauer _____.

> aussuchen, freiwillige, bestimmte

Kulanz

Kulanz ist ein Versuch von Händlern, Kunden zu _____ indem man versucht sie

_____ zu stellen. Ein Beispiel für Kulanz ist der _____ von

Kleidung, die zwar nicht gefällt oder nicht passt, aber sonst _____ ist.

> binden, Umtausch, zufrieden, in Ordnung/heile

Klasse: _____ Datum: _____ Name: _____

Gewährleistung, Kulanz oder Garantie?

1. *Fülle den Lückentext mithilfe des Informationstextes aus.*

– Unter **Gewährleistung** versteht man die gesetzliche Pflicht des Verkäufers, einen Fehler
  an der Ware zu beheben oder ein mangelhaftes Produkt zurückzunehmen. Achtung: Du
  musst dem Händler nicht beweisen, dass du die Ware nicht kaputt gemacht hast, sondern
  der Händler müsste dir nachweisen, dass du sie kaputt gemacht hast! Erst wenn ein halbes
  Jahr nach dem Kauf vergangen ist, musst du beweisen, dass der Mangel (Fehler) schon
  beim Kauf vorhanden war. Für neue Produkte gilt eine gesetzliche Gewährleistung von
  zwei Jahren.

– Unter **Kulanz** wird eine Zusage eines Händlers oder Herstellers verstanden, die zusätzlich
  zur Gewährleistung oder Garantie gegeben wird. In einem solchen Fall ist beispielsweise
  der Händler, bei dem ein Kleidungsstück gekauft wurde, so nett und tauscht es um oder
  gibt dir ein anderes dafür. Vielleicht bekommst du auch einen Gutschein oder sogar das
  Geld zurück. All das fällt unter die sogenannte Kulanz des Verkäufers. Damit kommt der
  Händler seinen Kunden entgegen. Die Kulanz des Händlers ist nicht gesetzlich oder vertraglich geregelt. Der Händler kann, muss aber die Ware nicht zurück nehmen.

– Unter **Garantie** versteht man die freiwillige Zusage eines Herstellers, für Fehler an einem
  Produkt zu haften. Die Garantie ist also nicht gesetzlich festgelegt! Eine Garantie kann
  auch von einem Händler gegeben werden. So hat zum Beispiel eine Kaffeemaschine zwei
  Jahre Gewährleistung. Ein Elektromarkt kann die Maschine aber z. B. mit vier Jahren Ga-
  rantie anbieten. Dies soll vor allem das Vertrauen der Kunden in den Hersteller oder Händ-
  ler stärken. Die Garantiezusage bezieht sich immer auf die Funktionsfähigkeit bestimmter
  Teile oder auf das ganze Gerät. Die Dauer der Garantie ist immer auf einen bestimmten
  Zeitraum beschränkt, den sich der Händler oder Hersteller aussuchen kann.

Gewährleistung

Gewährleistung ist die _____ geregelte Verpflichtung für den Verkäufer eine

_____ Warenlieferung nachzuerfüllen. Unter Nacherfüllung versteht

man entweder das _____ oder das _____ der Ware.

Eine Gewährleistung dauert _____ Jahre.

Garantie

Eine Garantie ist die _____ Zusage eines Herstellers und bezieht sich auf

_____ Teile oder Funktionen der Ware. Der Händler kann sich die

Garantiedauer _____.

Kulanz

Kulanz ist ein Versuch von Händlern, Kunden zu _____ indem man versucht sie

_____ zu stellen. Ein Beispiel für Kulanz ist der _____ von

Kleidung, die zwar nicht gefällt oder nicht passt, aber sonst _____ ist.

_____ Ware muss zurückgenommen oder ausgetauscht werden, solange

der Kunde nicht an dem Schaden Schuld ist.

Autorin: Melanie Spiller

Klasse: _____ Datum: _____ Name: _____

Gewährleistung, Kulanz oder Garantie?

Unter **Gewährleistung** versteht man die gesetzliche Pflicht des Verkäufers, einen Fehler an der Ware zu beheben oder ein mangelhaftes Produkt zurückzunehmen. Achtung: Du musst dem Händler nicht beweisen, dass du die Ware nicht kaputt gemacht hast, sondern der Händler müsste dir nachweisen, dass du sie kaputt gemacht hast! Erst wenn ein halbes Jahr nach dem Kauf vergangen ist, musst du beweisen, dass der Mangel schon beim Kauf vorhanden war. Für neue Produkte gilt eine gesetzliche Gewährleistung von zwei Jahren. Unter **Kulanz** wird eine Zusage eines Händlers oder Herstellers verstanden, die zusätzlich zur Gewährleistung oder Garantie gegeben wird. In einem solchen Fall ist beispielsweise der Händler, bei dem ein Kleidungsstück gekauft wurde, so nett und tauscht es um oder gibt dir ein anderes dafür. Vielleicht bekommst du auch einen Gutschein oder sogar das Geld zurück. All das fällt unter die sogenannte Kulanz des Verkäufers. Damit kommt der Händler seinen Kunden entgegen. Die Kulanz des Händlers ist nicht gesetzlich oder vertraglich geregelt. Der Händler kann, muss aber die Ware nicht zurück nehmen. Unter **Garantie** versteht man die freiwillige Zusage eines Herstellers, für Fehler an einem Produkt zu haften. Die Garantie ist also nicht gesetzlich festgelegt! Eine Garantie kann auch von einem Händler gegeben werden. So hat zum Beispiel eine Kaffeemaschine zwei Jahre Gewährleistung. Ein Elektromarkt kann die Maschine aber z. B. mit vier Jahren Garantie anbieten. Dies soll vor allem das Vertrauen der Kunden in den Hersteller oder Händler stärken. Die Garantiezusage bezieht sich immer auf die Funktionsfähigkeit bestimmter Teile oder auf das ganze Gerät. Die Dauer der Garantie ist immer auf einen bestimmten Zeitraum beschränkt, den sich der Händler oder Hersteller aussuchen kann.

1. *Erstelle unter Verwendung der Stichworte Merksätze zu Garantie, Gewährleistung und Kulanz. Nutze den Informationstext. Benutze für deine Antworten auch die Rückseite des Blattes. Nummeriere deine Antworten wie vorgegeben.*

I. Gewährleistung: gesetzlich, Händler, Reparatur, Rücknahme, zwei Jahre

_____

_____

_____

II. Kulanz: freiwillig, Hersteller/Händler, Kundenbindung

_____

_____

_____

III. Garantie: freiwillig, Händler/Hersteller, Produkthaftung bei Fehlern, offener Zeitraum

_____

_____

_____

Klasse: _____ Datum: _____ Name: _____

Welche Möglichkeiten haben Verbraucher im Geschäftsalltag?

1. *In der Tabelle sind verschiedene Fälle dargestellt. Überlege, welche Rechte die Verbraucher haben. Wie wirken sich diese in der jeweiligen Situation aus? Notiere alle gesetzlich vorgesehenen Möglichkeiten. Reichen die Leerzeilen nicht für deine Antworten zu den Fragen – benutze bitte die Rückseite des Blattes. Kennzeichne dort deine Antworten zu den Fällen mit A, B, C und D.*

Fälle	Lösungsidee
A: Frau Riemenschneider kauft im November beim Baumarkt einen Rasenmäher, weil es gerade ein sehr gutes Angebot gibt. Zum ersten Einsatz kommt er aber erst 4 Monate später, im März des nächsten Jahres. Da stellt sie fest, dass der Rasenmäher nicht anspringt. Sie möchte die Gewährleistung in Anspruch nehmen und geht mit dem Bon in den Baumarkt. Welche Rechte hat sie?	
B: Marie kauft sich ein T-Shirt und zeigt es am nächsten Tag ihren Freundinnen. Die raten ihr von dem T-Shirt ab und sagen, dass sie es wieder umtauschen solle. Marie geht mit dem Bon in das Bekleidungsgeschäft. Was könnten ihr die Mitarbeiter aus Kulanz vorschlagen? Was ist, wenn sie nicht kulant sind?	
C: Herr Jurgeit hat sich einen Staubsauger von einer namhaften Marke gekauft. Diese hat mit 4 Jahren Herstellergarantie geworben. Nun hat er den Staubsauger nach knapp 3 Jahren versehentlich die Treppe runterfallen lassen und dieser funktioniert nicht mehr. Herr Jurgeit geht mit dem Bon in den Elektromarkt. Wie reagiert der Händler auf den kaputten Staubsauger? Gilt die Garantie noch?	
D: Frau Floris stellt nach der ersten Wäsche fest, dass die erst zweimal getragene Jeans eine aufgerissene Naht hat. Sie nimmt den Bon und geht damit in das Bekleidungsgeschäft, wo sie vor drei Monaten die Hose gekauft hat. Kann sie ihre Gewährleistungsrechte in Anspruch nehmen? Welche wären das?	

Autorin: Melanie Spiller

Klasse: _____ Datum: _____ Name: _____

Welche Möglichkeiten haben Verbraucher im Geschäftsalltag?

1. *In der Tabelle sind verschiedene Fälle dargestellt. Überlege, welche Rechte die Verbraucher haben. Wie wirken sich diese in der jeweiligen Situation aus? Notiere alle gesetzlich vorgesehenen Möglichkeiten. Reichen die Leerzeilen nicht für deine Antworten zu den Fragen – benutze bitte die Rückseite des Blattes. Kennzeichne dort deine Antworten zu den Fällen mit A, B, C und D.*

Fälle	Lösungsidee
A: Frau Riemenschneider kauft im November beim Baumarkt einen Rasenmäher, weil es gerade ein sehr gutes Angebot gibt. Zum ersten Einsatz kommt er aber erst vier Monate später, im März des nächsten Jahres, und da stellt sie fest, dass der Rasenmäher nicht anspringt. Sie geht mit dem Bon in den Baumarkt. Was wird ihr angeboten?	
B: Marie kauft sich ein T-Shirt und zeigt es am nächsten Tag ihren Freundinnen. Die raten ihr von dem T-Shirt ab und sagen, dass sie es wieder umtauschen solle. Marie geht mit dem Bon in das Bekleidungsgeschäft. Was könnten ihr die Mitarbeiter vorschlagen?	
C: Herr Jurgeit hat sich einen Staubsauger von einer namhaften Marke gekauft. Diese hat mit 4 Jahren Herstellergarantie geworben. Nun hat er den Staubsauger nach knapp drei Jahren versehentlich die Treppe runterfallen lassen und dieser funktioniert nicht mehr. Herr Jurgeit geht mit dem Bon in den Elektromarkt. Wie wird der Händler reagieren?	
D: Frau Floris stellt nach der ersten Wäsche fest, dass die erst zweimal getragene Jeans eine aufgerissene Naht hat. Sie nimmt den Bon und geht damit in das Bekleidungsgeschäft, in dem sie vor drei Monaten die Hose gekauft hat. Welche Lösungsmöglichkeiten müssten ihr die Mitarbeiter anbieten?	

Klasse: _____ Datum: _____ Name: _____

Welche Möglichkeiten haben Verbraucher im Geschäftsalltag?

1. *In der Tabelle sind verschiedene Fälle dargestellt. Überlege, welche Rechte die Verbraucher haben. Wie wirken sich diese in der jeweiligen Situation aus? Notiere alle gesetzlich vorgesehenen Möglichkeiten. Reichen die Leerzeilen nicht für deine Antworten zu den Fragen – benutze bitte die Rückseite des Blattes. Kennzeichne dort deine Antworten zu den Fällen mit A, B, C und D.*

Fälle	Lösungsideen
A: Frau Riemenschneider kauft im November einen Rasenmäher, weil es gerade ein sehr gutes Angebot gibt. Zum ersten Einsatz kommt er aber erst vier Monate später, im März des nächsten Jahres, und da stellt sie fest, dass der Rasenmäher nicht anspringt.	
B: Marie kauft sich ein T-Shirt und zeigt es am nächsten Tag ihren Freundinnen. Die raten ihr ab und sagen, dass sie es umtauschen solle.	
C: Herr Jurgeit hat sich einen Staubsauger von einer namhaften Marke gekauft. Diese hat mit vier Jahren Herstellergarantie geworben. Nun hat er den Staubsauger versehentlich die Treppe runterfallen lassen und dieser funktioniert nicht mehr.	
D: Frau Floris stellt nach der ersten Wäsche fest, dass die erst zweimal getragene Jeans eine aufgerissene Naht hat. Sie hat sie vor drei Monaten gekauft.	

Autorin: Melanie Spiller

Klasse: _____ Datum: _____ Name: _____

Probleme bei Kaufentscheidungen

1. *Was ist beim Kauf wichtig?*

A	Frau Meier, 83 Jahre, gehbehindert, allein lebend	„Das letzte Geschäft im Ort hat dichtgemacht. Nun bin ich völlig auf fremde Hilfe angewiesen."
B	Frau Schultze, 28 Jahre, allein erziehend	„Für mein Kind ist mir Bioqualität wichtig. Aber wie soll ich das bezahlen? Als Alleinerziehende kann ich keine Erwerbsarbeit annehmen, da ein Kita-Platz fehlt. Unterhalt und soziale Leistungen reichen kaum für das Nötigste."
C	Herr Wagner, 40 Jahre, ledig, gutes Einkommen	„Ich habe keine Lust, dauernd Schnäppchen hinterherzulaufen. Ich zahle lieber einen Euro mehr"
D	Frau Ulrich, 52 Jahre, kritische Konsumentin mit Familie	„Oft fehlen die richtigen Informationen. Die Produktbeschreibung ist dürftig und schwer verständlich. Verkäufer haben nicht immer Produktkenntnisse. Sie wollen verkaufen. Auf Nachhaltigkeit bezogen Infos, zum Beispiel zum Energieverbrauch, fehlen oft."

zu **A:** *Worin bestehen die Einschränkungen der alten Frau?*

_____

_____

zu **B:** *Warum kann sich die junge Mutter keine Bio-Lebensmittel leisten?*

_____

_____

zu **C:** *Welche Gründe könnte es haben, dass der Mann auf günstige „Schnäppchen" verzichtet?*

_____

_____

zu **D:** *Was wünscht sich die Frau, um bessere Kaufentscheidungen treffen zu können?*

_____

_____

Klasse: _____   Datum: _____   Name: _____

Probleme bei Kaufentscheidungen

1. *Was ist beim Kauf wichtig?*

A	Frau Meier, 83 Jahre, gehbehindert, allein lebend	„Das letzte Geschäft im Ort hat dichtgemacht. Nun bin ich völlig auf fremde Hilfe angewiesen."
B	Frau Schultze, 28 Jahre, allein erziehend	„Für mein Kind ist mir Bioqualität wichtig. Aber wie soll ich das bezahlen? Als Alleinerziehende kann ich keine Erwerbsarbeit annehmen, da ein Kita-Platz fehlt. Unterhalt und soziale Leistungen reichen kaum für das Nötigste."
C	Herr Wagner, 40 Jahre, ledig, gutes Einkommen	„Ich habe keine Lust, dauernd Schnäppchen hinterherzulaufen. Ich zahle lieber einen Euro mehr"
D	Frau Ulrich, 52 Jahre, kritische Konsumentin mit Familie	„Oft fehlen die richtigen Informationen. Die Produktbeschreibung ist dürftig und schwer verständlich. Verkäufer haben nicht immer Produktkenntnisse. Sie wollen verkaufen. Auf Nachhaltigkeit bezogene Infos, zum Beispiel zum Energieverbrauch, fehlen oft."

zu **A:** *Worin bestehen die Einschränkungen der alten Frau?*

_____

_____

zu **B:** *Worin besteht der Konflikt zwischen Verdienst und Anspruch an Lebensmitteln?*

_____

_____

zu **C:** *Warum könnte der Mann wenig Zeit für Einkäufe vorsehen wollen?*

_____

_____

zu **D:** *Was wünscht sich die Frau, um bessere Kaufentscheidungen treffen zu können?*

_____

_____

Autor/in: Heinrich Meyer, Silke Meyer

Von dieser Druckvorlage ist die Vervielfältigung für den eigenen Unterrichtsgebrauch gestattet. Für inhaltliche Veränderungen und Bearbeitungen durch Dritte übernimmt der Verlag keine Verantwortung.

Klasse: _____ Datum: _____ Name: _____

Probleme bei Kaufentscheidungen

1. *Was ist beim Kauf wichtig?*

A	Frau Meier, 83 Jahre, gehbehindert, allein lebend	„Das letzte Geschäft im Ort hat dichtgemacht. Nun bin ich völlig auf fremde Hilfe angewiesen."
B	Frau Schultze, 28 Jahre, allein erziehend	„Für mein Kind ist mir Bioqualität wichtig. Aber wie soll ich das bezahlen? Als Alleinerziehende kann ich keine Erwerbsarbeit annehmen, da ein Kita-Platz fehlt. Unterhalt und soziale Leistungen reichen kaum für das Nötigste."
C	Herr Wagner, 40 Jahre, ledig, gutes Einkommen	„Ich habe keine Lust, dauernd Schnäppchen hinterherzulaufen. Ich zahle lieber einen Euro mehr"
D	Frau Becker, 38 Jahre, Angestellte mit Familie	„Vor Anschaffungen gucke ich bei test.de auf die Homepage. Da finde ich oft was gut, auch biologisch unbedenklich und preiswert ist. Anschließend klicke ich auf eine seriöse Preissuchmaschine und schaue mir in Geschäften die Produkte an. Meistens weiß ich dann, was ich vor Ort oder im Internet kaufe. Teilweise ist der Kundendienst wichtig."
E	Frau Ulrich, 52 Jahre, kritische Konsumentin mit Familie	„Oft fehlen die richtigen Informationen. Die Produktbeschreibung ist dürftig und schwer verständlich. Verkäufer haben nicht immer Produktkenntnisse. Sie wollen verkaufen. Auf Nachhaltigkeit bezogene Infos, zum Beispiel zum Energieverbrauch, fehlen oft."

zu **A:** *Worin bestehen die Einschränkungen der alten Frau?*

_____

_____

zu **B:** *Worin besteht der Konflikt zwischen Verdienst und Anspruch an Lebensmitteln?*

_____

_____

zu **C:** *Warum könnte der Mann wenig Zeit für Einkäufe vorsehen wollen?*

_____

_____

zu **D:** *Begründe die Strategien bei der Auswahl der Güter und Einkaufsstätten.*

_____

_____

zu **E:** *Was wünscht sich die Frau, um bessere Kaufentscheidungen treffen zu können?*

_____

_____

_____

Klasse: _____   Datum: _____   Name: _____

Nachhaltige Kaufentscheidungen

1. *Analysiere die folgenden 4 Fälle, wie hier nachhaltig gehandelt werden kann.*

Fall A

Mutter: „Du, Alexander, kannst du bitte frisches Gemüse beim Biohofladen kaufen?"

Alexander: „Ich habe keine Lust, bei der Hitze zweimal 3 Kilometer mit dem Fahrrad zu fahren. Der Discounter hier hat Bio. Du könntest doch mit dem Auto fahren."

a) Welches Interesse hat die Mutter?

_____

b) Welches Interesse hat Alexander?

_____

c) Berechne die Fahrkosten, wenn mit dem Auto zum Biohofladen gefahren wird (Kosten für einen Mittelklasse Pkw 0,45 €/km).

_____

d) Warum könnte der Mutter die Ware aus dem Biohofladen wichtig sein?

_____

Fall B

Irina: „Ich finde es gut, dass Autos mit einem Energieverbrauchs-Label gekennzeichnet werden. Daraus ergibt sich ein Wert, dem eine Note zugeordnet wird: von einem grünen A+ für einen klimafreundlichen Pkw bis zu einem roten G, das für wenig effizient steht. Ein kleiner Citroen C3 mit einem CO_2-Ausstoß von 115 Gramm je Kilometer ist genauso eingestuft wie ein doppelt so schwerer Porsche Cayenne, der pro Kilometer 261 Gramm CO_2 ausstößt. Da hat die Autoindustrie ihre Interessen stark vertreten."

Was ist für ein Energielabel zum Vergleich von PKW wichtig?

_____

_____

_____

_____

_____

Autor/in: Heinrich Meyer, Silke Meyer

Klasse: _____ Datum: _____ Name: _____

Fall C

Ahmet: „Bei besonderen Anlässen geht meine Familie schick essen. Mein Lieblingsrestaurant verarbeitet Gemüse, Obst und Fleisch möglichst frisch aus der Region.
Es setzt teilweise Bioprodukte ein, vorgefertigte Produkte gibt es da kaum.
Es schmeckt uns immer gut und wir fühlen uns wohl. Die Preise sind etwas
höher, aber ich esse auch nicht immer Gerichte mit Fleisch."

a) *Warum fühlt sich Ahmed in dem Restaurant wohl?*

_____

_____

b) *Was ist dir wichtig, wenn du in einem Restaurant isst?*

_____

_____

_____

_____

c) *Wie könntest du dabei ökologisch handeln?*

_____

_____

_____

_____

Fall D

Ela: „Ich bin für Kleidung mit Fairtrade-Label[1]. Aber das hat in meiner Clique kein Image."

a) *Wie könnte Ela sich verhalten?*

_____

_____

_____

_____

1 Güter aus fairem Handel. Soziale und ökologische Ziele werden eingehalten, z. B. auskömmlicher Verdienst,
   Verzicht auf schädliche Chemikalien zum Färben.

Klasse: _____　Datum: _____　Name: _____

Nachhaltige Kaufentscheidungen

1. *Analysiere die folgenden 4 Fälle, wie hier nachhaltig gehandelt werden kann.*

Fall A

Mutter: „Du, Alexander, kannst du bitte frisches Gemüse beim Biohofladen kaufen?"

Alexander: „Ich habe keine Lust, bei der Hitze zweimal 3 Kilometer mit dem Fahrrad zu fahren. Der Discounter in der Nähe hat Bio-Sachen. Du könntest doch schnell mit dem Auto fahren."

Fall B

Irina: „Ich finde es gut, dass Autos mit einem Energieverbrauchs-Label gekennzeichnet werden. Daraus ergibt sich ein Wert, dem eine Note zugeordnet wird: von einem grünen A+ für einen klimafreundlichen Pkw bis zu einem roten G, das für wenig effizient steht. Ein kleiner Citroen C3 mit einem CO_2-Ausstoß von 115 Gramm je Kilometer befindet sich in der gleichen Kategorie wie ein doppelt so schwerer Porsche Cayenne, der pro Kilometer 261 Gramm CO_2 ausstößt. Da hat die Autoindustrie ihre Interessen stark vertreten."

Fall C

Ahmet: „Bei besonderen Anlässen geht meine Familie schick essen. Mein Lieblingsrestaurant verarbeitet Gemüse, Obst und Fleisch möglichst frisch aus der Region. Es setzt teilweise Bioprodukte ein, vorgefertigte Produkte gibt es da kaum. Es schmeckt uns immer gut und wir fühlen uns wohl. Die Preise sind etwas höher, aber ich esse auch nicht immer Gerichte mit Fleisch."

Fall D

Ela: „Ich bin für Kleidung mit Fairtrade-Label[1]. Aber das hat in meiner Clique kein Image. Die finden das lächerlich."

1　Güter aus fairem Handel. Soziale und ökologische Ziele werden eingehalten, z. B. auskömmlicher Verdienst, Verzicht auf schädliche Chemikalien zum Färben.

zu Fall A

a) Welches Interesse hat die Mutter?

_____

b) Welches Interesse hat Alexander?

_____

c) Berechne die Fahrkosten, wenn mit dem Auto zum Hofladen gefahren wird (Kosten für einen Mittelklasse Pkw 0,45 €/km).

_____

d) Warum könnte der Mutter die Ware aus dem Biohofladen wichtig sein?

_____

 **Copy 27**

Klasse: _____ Datum: _____ Name: _____

zu Fall B

a) *Was ist für ein Energielabel zum Vergleich von PKW wichtig?*

_____

_____

b) *Wie schätzt du es ein, PKW nur in ihrer Gewichtsklasse ökologisch zu bewerten?*

_____

_____

_____

_____

zu Fall C

a) *Warum fühlt sich Ahmed in dem Restaurant wohl?*

_____

_____

b) *Was ist dir wichtig, wenn du in einem Restaurant isst?*

_____

_____

c) *Wie könntest du dabei ökologisch handeln?*

_____

_____

zu Fall D

a) *Wie könnte Ela sich verhalten?*

_____

_____

_____

_____

b) *Wie stehst du zur Förderung von fairem Handel?*
   Nutze die Rückseite des Blattes.

 **Copy 27**

Klasse: _____ Datum: _____ Name: _____

Nachhaltige Kaufentscheidungen

1. *Analysiere die folgenden 4 Fälle, wie hier nachhaltig gehandelt werden kann.*

Fall A

Mutter: „Du, Alexander, kannst du bitte frisches Gemüse beim Biohofladen kaufen?"
Alexander: „Ich habe keine Lust, bei der Hitze zweimal 3 Kilometer mit dem Fahrrad zu fahren. Der Discounter in der Nähe hat Bio-Sachen. Du könntest doch schnell mit dem Auto fahren."

Fall B

Irina: „Ich finde es gut, dass Autos mit einem Energieverbrauchs-Label gekennzeichnet werden. Daraus ergibt sich ein Wert, dem eine Note zugeordnet wird: von einem grünen A+ für einen klimafreundlichen Pkw bis zu einem roten G, das für wenig effizient steht. Ein kleiner Citroen C3 mit einem CO_2-Ausstoß von 115 Gramm je Kilometer befindet sich in der gleichen Kategorie wie ein doppelt so schwerer Porsche Cayenne, der pro Kilometer 261 Gramm CO_2 ausstößt. Da hat die Autoindustrie ihre Interessen stark vertreten."

Fall C

Ahmet: „Bei besonderen Anlässen geht meine Familie schick essen. Mein Lieblingsrestaurant verarbeitet Gemüse, Obst und Fleisch möglichst frisch aus der Region. Es setzt teilweise Bioprodukte ein, Convenience-Produkte[1] gibt es da kaum. Es schmeckt uns immer gut und wir fühlen uns wohl. Die Preise sind etwas höher aber ich esse auch nicht immer Gerichte mit Fleisch"

Fall D

Ela: „Ich bin für Kleidung mit Fairtrade-Label[2]. Aber das hat in meiner Clique kein Image. Die finden das lächerlich."

---

1   vorgefertigte Lebensmittel
2   Güter aus fairem Handel. Soziale und ökologische Ziele werden eingehalten, z. B. auskömmlicher Verdienst, Verzicht auf schädliche Chemikalien zum Färben.

zu Fall A

a) Welches Interesse hat die Mutter?

_____

b) Welches Interesse hat Alexander?

_____

c) Berechne die Fahrkosten, wenn mit dem Auto zum Hofladen gefahren wird (Kosten für einen Mittelklasse Pkw 0,45 €/km).

_____

d) Warum könnte der Mutter die Ware aus dem Biohofladen wichtig sein?

_____

e) Bewertet den Vorgang aus ökologischer Sicht.

_____

_____

_____

Copy 27

Autor/in: Heinrich Meyer, Silke Meyer

Klasse: _____ Datum: _____ Name: _____

zu Fall B

a) Was ist für ein Energielabel zum Vergleich von PKW wichtig?

_____

_____

b) Wie schätzt du es ein, PKW nur in ihrer Gewichtsklasse ökologisch zu bewerten?

_____

_____

_____

zu Fall C

a) Warum fühlt sich Ahmed in dem Restaurant wohl?

_____

_____

b) Was ist dir wichtig, wenn du in einem Restaurant isst?

_____

_____

_____

c) Wie könntest du dabei ökologisch handeln?

_____

_____

zu Fall D

a) Wie könnte Ela sich verhalten?

_____

_____

_____

b) Wie stehst du zur Förderung von fairem Handel?
Nutze die Rückseite des Blattes.

Klasse: _____ Datum: _____ Name: _____

Welche Einkaufsstätten sind für meinen Kauf vorteilhaft?

1. *Nimm in Stichworten Stellung dazu, in welchem Maße die Käuferwünsche in den Handelsformen erfüllt werden. Begründe deine Ausführungen.*

Käuferwünsche	Handelsform			Begründung für Handelsformen Stellungnahme zum Käuferwunsch
	Fach-handel	Verbrauchermarkt	Internet-handel	
1. „Ich will die Ware vor einem Kauf anschauen können."				
2. „Ich brauche gute Beratung, um die Qualität der Ware einschätzen zu können."				
3. „Ich will Waren- und Dienstleistungs-tests nutzen können."				

Klasse: _____ Datum: _____ Name: _____

Käuferwünsche	Handelsform			Begründung für Handelsformen Stellungnahme zum Käuferwunsch
	Fachhandel	Verbrauchermarkt	Internethandel	
4. „Ein Preisvergleich ist mir wichtig. Der darf nicht viel Zeit kosten. Preissuchmaschinen helfen, ein günstiges Angebot zu finden."				
5. „Wenn die Ware Mängel hat, will ich problemlos reklamieren können. Wenn die Ware mir nicht gefällt, möchte ich umtauschen können und mein Geld zurückerhalten."				
6. „Ohne Service geht bei mir gar nichts. Bestimmte Geräte müssen aufgestellt werden und ein Reparaturservice muss kurzfristig verfügbar sein."				

Klasse: _____ Datum: _____ Name: _____

Welche Einkaufsstätten sind für meinen Kauf vorteilhaft?

1. *Nimm in Stichworten Stellung dazu, in welchem Maße die Käuferwünsche in den Handelsformen erfüllt werden. Begründe deine Ausführungen.*

Käuferwünsche	Handelsform			Begründung für Handelsformen Stellungnahme zum Käuferwunsch
	Fach-handel	Verbrau-chermarkt	Internet-handel	
1. „Ich muss die Ware vor einem Kauf anschauen können."				
2. „Ich brauche eine gute Beratung, um für mich wichtige Qualitätsmerk-male einschät-zen zu können."				
3. „Ich will Waren- und Dienstleistungs-tests nutzen können."				

Klasse: _____ Datum: _____ Name: _____

Käuferwünsche	Handelsform			Begründung für Handelsformen Stellungnahme zum Käuferwunsch
	Fach-handel	Verbrau-chermarkt	Internet-handel	
4. „Ein Preis-vergleich ist mir wichtig. Der darf nicht viel Zeit kosten. Preissuchma-schinen helfen, ein günstiges Angebot zu finden."				
5. „Verkäufer sind nicht immer vertrau-enswürdig. Deshalb gilt für mich beim Kauf: erst die Ware, dann das Geld."				
6. „Wenn die Ware Mängel hat, will ich problem-los reklamieren können. Wenn die Ware mir nicht gefällt, will ich umtauschen können und mein Geld zurück-erhalten."				
7. „Ohne Service geht bei mir gar nichts. Bestimmte Geräte müssen aufgestellt wer-den und ein Reparaturservice muss kurzfristig verfügbar sein."				

 Copy 28

Klasse: _____ Datum: _____ Name: _____

Welche Einkaufsstätten sind für meinen Kauf vorteilhaft?

1. *Nimm Stellung dazu, in welchem Maße die Käuferwünsche in den Handelsformen erfüllt werden. Erkläre bewusste Begrenzungen einzelner Handelsformen. Begründe deine Ausführungen.*

Käuferwünsche	Handelsform			Begründung für Handelsformen Stellungnahme zum Käuferwunsch
	Fach-handel	Verbrau-chermarkt	Internet-handel	
1. „Ich muss die Ware vor einem Kauf anschauen können."				
2. „Ich brauche gute Beratung, um für mich wichtige Fragen zu stellen und die Qualität einschätzen zu können."				
3. „Ich will Waren- und Dienstleistungs-tests finden und nutzen können."				

Autor/in: Heinrich Meyer, Silke Meyer

Klasse: _____ Datum: _____ Name: _____

Käuferwünsche	Handelsform			Begründung für Handelsformen Stellungnahme zum Käuferwunsch
	Fach-handel	Verbrau-chermarkt	Internet-handel	
4. „Ein Preis-vergleich ist mir wichtig. Preissuchma-schinen helfen, ein günstiges Angebot schnell zu finden."				
5. „Verkäufer sind nicht immer vertrau-enswürdig. Deshalb gilt für mich beim Kauf: erst die Ware, dann das Geld."				
6. „Wenn die Ware Mängel hat, will ich problem-los reklamieren können. Wenn sie mir nicht ge-fällt, will ich um-tauschen können und das Geld zurückerhalten."				
7. „Ohne Service geht bei mir gar nichts. Bestimmte Geräte müssen aufgestellt wer-den und ein Reparaturservice muss kurzfristig verfügbar sein."				

 **Copy 28**

Klasse: _____ Datum: _____ Name: _____

Wie Preise entstehen

Wenn man die Frage stellt, wer eigentlich die Preise „macht", ist für die meisten Menschen klar: „Natürlich die Unternehmer! Man sieht es ja täglich in den Preisschildern der Geschäfte und den Zeitungsinseraten." Die Antwort ist aber falsch. Was wir dort sehen, sind **Angebote** von Verkäufern, die von den Käufern angenommen werden können oder nicht. Anbieter und Nachfrager müssen sich einigen. Dies gilt sowohl für Waren wie für Dienstleistungen. Wir wollen an einem einfachen Beispiel sehen, wie dann die Preise in der Marktwirtschaft entstehen.

Drei Jungen aus der Fußball-Jugendmannschaft beim TC Bayern-München haben zwei Jahre Originaltrikots von Thomas Müller gesammelt. Sie wollen diese nun verkaufen. Sie machen ein Angebot:

- Leon hat 10 Stück und will mindestens 14 € je Stück.
- Paul hat 8 Stück und will mindestens 15 € je Stück.
- David hat 12 Stück und will mindestens 16 € je Stück.

Joe aus der Gesamtschule Essen hat dies über einen Freund aus München erfahren. Die Qualität ist völlig gleich. Joe hat schon in der Gesamtschule, einer Realschule und einem Gymnasium gefragt, wer interessiert ist. Die Nachfrage sieht so aus:
Vom Gymnasium wollen 8 ein Trikot, aber zahlen maximal 16 €.
Von der Gesamtschule wollen 10 ein Trikot, aber zahlen maximal 15 €.
Von der Realschule wollen 12 ein Trikot, aber zahlen maximal 14 €.

Es sind zwar 30 Stück als Angebot da und genau 30 Stück werden gefragt, aber es gibt Schwierigkeiten: Die vom Gymnasium sagen, dass sie notfalls bis 16 € zahlen würden, aber natürlich eher die billigen 14 €-Trikots nehmen. Andererseits ärgert sich David aus München, wenn er nur 14 € bekäme, während Paul und Leon dann mehr hätten. Joe möchte auf keinen Fall einen verärgern, sondern alles zu einem einheitlichen Preis verkaufen. Wie hoch kann der Preis sein?

---

1. *Mache einen Vorschlag für einen einheitlichen Preis, zu dem die größte Menge verkauft wird.*

_____

_____

_____

_____

_____

_____

_____

_____

_____

_____

Klasse: _____   Datum: _____   Name: _____

Wie Preise entstehen

Man kann bei Käufen davon ausgehen, dass im Normalfall die Nachfrager ein Gut lieber zu einem niedrigen Preis kaufen als zu einem hohen. Je höher der Preis, desto weniger Nachfrager können oder werden kaufen.

Es ist auch so, dass ein Anbieter lieber zu einem hohen Preis verkauft als zu einem niedrigen. Je niedriger der Preis, desto weniger Anbieter können oder wollen verkaufen. Die Anbieter müssen auch darauf achten, dass der Preis nicht niedriger ist als die Kosten, die sie durch den Einkauf oder die Produktion hatten.

Ihr könnt ein Beispiel bearbeiten, bei dem wir davon ausgehen, dass die Produkte völlig gleich sind und dass die Anbieter und Nachfrager einen Überblick über die Preise haben.

Löse das Problem, dass wir einen einheitlichen Preis finden müssen.

Du siehst bei dem Angebot, dass bei steigenden Preisen auch die angebotene Menge steigt.

Bei der Nachfrage geht jedoch bei steigenden Preisen die Menge zurück.

Wir müssen also nur die Menge finden, bei der sich Angebot und Nachfrage gleichen.

Angebot		Nachfrage	
Preis	Menge	Preis	Menge
mindestens	Stück	höchstens	Stück
jeder Preis	10	20 €	90
21 €	30	21 €	75
22 €	45	22 €	65
23 €	55	23 €	55
24 €	70	24 €	40
25 €	80	jeder Preis	20

1. *Bei welcher Menge ist Angebot und Nachfrage im Gleichgewicht?* _____

2. *Zu welchem Preis wird auf dem Markt der Kauf gehandelt?* _____

3. *Wie hoch ist der Umsatz?* _____

4. *Wie würde sich der Preis ändern, wenn in der obigen Tabelle das Angebot „zu jedem Preis" um 20 Stück höher wäre, also die niedrigste Menge auf 30 Stück und die höchste auf 100 Stück steigen.*

_____

5. *Welcher Preis würde sich ergeben, wenn die Nachfrager in der obigen Tabelle nicht mehr so interessiert an dem Gut sind und die Nachfrage „zu jedem Preis" um 20 Stück sinkt?*

_____

Klasse: _____ Datum: _____ Name: _____

Wie Preise entstehen

Es heißt, dass Preise durch Anbieter und Nachfrager bestimmt werden. Dies gilt für die meisten Fälle, allerdings gibt es auch Ausnahmen.

1. *Wer bestimmt z. B. den Preis eines Fehlers, den ein Autofahrer im Straßenverkehr begeht?*

_____

Diese und ähnliche Preise werden auch Gebühren genannt. Du musst sie bezahlen, ob du willst oder nicht. Das gilt auch für die Gebühren für die Müllabfuhr oder die Gebühr für den neuen Personenausweis. Sie unterscheiden sich völlig von den Preisen im Supermarkt, den Preisen einer Ferienreise, die sich Marktpreise nennen. Während du im Supermarkt den Preis vielleicht zwei Tage nach Ostern super niedrig findest und dich sofort mit den Schoko-Häschen bis zu Weihnachten eindeckst, kannst du auch auf die gerade frischen Erdbeeren aus Südafrika einfach verzichten. Machen es viele Verbraucher, dann bekommst du sie einen Tag später sogar für den halben Preis.

2. *Was beeinflusst die Festsetzung der Marktpreise? Welche Motive hat der Anbieter und welche der Nachfrager?*

a) *Beschreibe die Gründe der Anbieter zur Erhöhung oder Senkung der Preise an Beispielen:*

_____

_____

_____

b) *Beschreibe die Gründe der Nachfrager zum Verzicht auf den Kauf bei zu hohen Preisen und bei Käufen von sehr niedrigen Preisen.*

_____

_____

_____

_____

3. *Du willst ein Fahrrad kaufen. Was wird deine Wahl hinsichtlich des Preises beeinflussen? Viele Faktoren müssen beachtet werden. Stelle 5 bis 9 deiner Entscheidungskriterien zusammen.*

1. _____   4. _____   7. _____

2. _____   5. _____   8. _____

3. _____   6. _____   9. _____

Autor: Dietmar Krafft

Klasse: _____ Datum: _____ Name: _____

Bargeldloser Zahlungsverkehr: Überweisungsauftrag

Ein Überweisungsvordruck ist einfach auszufüllen. Es muss eingetragen werden:

- Name des Zahlungsempfängers
- IBAN[1]
- Betrag
- Name und IBAN des Zahlenden
- Datum
- Unterschrift des Kontoinhabers

Die BIC (internationale Bankleitzahl) braucht nur bei Auslandsüberweisungen angegeben werden.
Nicht vergessen werden sollten nähere Angaben zur Rechnung, die bezahlt werden muss:

- die Rechnungsnummer oder die Kundennummer
- das Rechnungsdatum

Überweisungen werden immer öfter auch über Online-Banking durchgeführt. Da kann der Kunde die Überweisungen selbstständig am PC durchführen. Dies geht mit einem direkt bei der Hausbank online geführten Girokonto.

> **AnimalsBest**
> *Wir haben das Beste für Ihr Tier*
>
> **Herzlichen Glückwunsch zum gekauften Artikel in unserem Online-Shop**
>
> Sie haben folgenden Artikel am 05.07.2015 gekauft:
> Hundespielzeug im Paket
> Bitte Rechnungsnummer angeben: 80128012
>
> 06.07.2015
>
> **Rechnung für Artikel:**
>
> | | |
> |---|---|
> | Hundespielzeug im Paket | 11,50 € |
> | Verpackung und Versand | 3,90 € |
> | **Gesamtbetrag** | **15,40 €** |
>
> Das Team von AnimalsBest wünscht Ihnen weiterhin viel Spaß beim Stöbern!
>
> Bitte überweisen Sie bis zum 19.07. 2015 den Gesamtbetrag von 15,40 € auf folgendes Konto:
>
> Zahlungsempfänger: AnimalsBest
> Wiesenstr. 22
> 31138 Hildesheim
>
> IBAN: DE6925950130015044456
> BIC: NOLADE 21HIK (Nur bei Auslandszahlung)
> Sparkasse Hildesheim

Achtung: Überwiesenes Geld kann nicht zurückgeordert werden!
Also: Immer ganz genau prüfen, ob die Überweisung richtig ausgefüllt ist.

1. *Fülle den Überweisungsträger mithilfe der Daten aus der Rechnung ordnungsgemäß aus. Die Informationen des Kontoinhabers sind frei wählbar.*

SEPA-Überweisung

Für Überweisungen in Deutschland, in andere EU-/EWR-Staaten und in die Schweiz in Euro.
Bitte Meldepflicht gemäß Außenwirtschaftsordnung beachten!

Angaben zum Zahlungsempfänger: Name, Vorname/Firma (max. 27 Stellen, bei maschineller Beschriftung max. 35 Stellen)

IBAN

BIC des Kreditinstituts/Zahlungsdienstleisters (8 oder 11 Stellen)

SEPA-Überweisung €   Betrag: Euro, Cent

Kunden-Referenznummer – Verwendungszweck, ggf. Name und Anschrift des Zahlers – (nur für Zahlungsempfänger)

noch Verwendungszweck (insgesamt max. 2 Zeilen à 27 Stellen, bei maschineller Beschriftung max. 2 Zeilen à 35 Stellen)

Angaben zum Kontoinhaber: Name, Vorname/Firma, Ort (max. 27 Stellen, keine Straßen- oder Postfachangaben)

IBAN
D E   16

Datum   Unterschrift(en)

SEPA

---

1 International **B**anking **A**ccount **N**umber: Zusammengesetzte Zahlenkombination aus dem Ländercode und der Prüfziffer sowie der früheren Kontonummer und Bankleitzahl.

Klasse: _____ Datum: _____ Name: _____

Bargeldloser Zahlungsverkehr: Überweisungsauftrag

Ein Überweisungsvordruck ist einfach auszufüllen. Es muss eingetragen werden:

- Name des Zahlungsempfängers
- IBAN[1]
- Betrag
- Name und IBAN des Zahlenden
- Datum
- Unterschrift des Kontoinhabers

Die BIC (internationale Bankleitzahl) braucht nur bei Auslandsüberweisungen angegeben werden.
Nicht vergessen werden sollten nähere Angaben zur Rechnung, die bezahlt werden muss:

- die Rechnungsnummer oder die Kundennummer
- das Rechnungsdatum

Überweisungen werden immer öfter auch über Online-Banking durchgeführt. Da kann der Kunde die Überweisungen selbstständig am PC durchführen. Dies geht mit einem direkt bei der Hausbank online geführten Girokonto.

AnimalsBest

Wir haben das Beste für Ihr Tier

Herzlichen Glückwunsch zum gekauften Artikel in unserem Online-Shop

Sie haben folgenden Artikel am 05.07.2015 gekauft:
Hundespielzeug im Paket
Rechnungsnummer: 80128012

06.07.2015

Rechnung für Artikel:

Hundespielzeug im Paket	11,50 €
Verpackung und Versand	3,90 €
Gesamtbetrag	**15,40 €**

Das Team von AnimalsBest wünscht Ihnen weiterhin viel Spaß beim Stöbern!

Bitte überweisen Sie bis zum 19.07. 2015 den Gesamtbetrag von 15,40 € auf folgendes Konto:

Zahlungsempfänger: AnimalsBest
Wiesenstr. 22
31138 Hildesheim

IBAN: DE6925950130015044456
BIC: NOLADE 21HIK (Nur bei Auslandszahlung)
Sparkasse Hildesheim

Achtung: Überwiesenes Geld kann nicht zurückgeordert werden!
Deshalb immer ganz genau prüfen, ob die Überweisung richtig ausgefüllt ist.

1. *Fülle den Überweisungsträger mithilfe der Daten aus der Rechnung ordnungsgemäß aus. Die Daten des Zahlenden sind frei wählbar.*

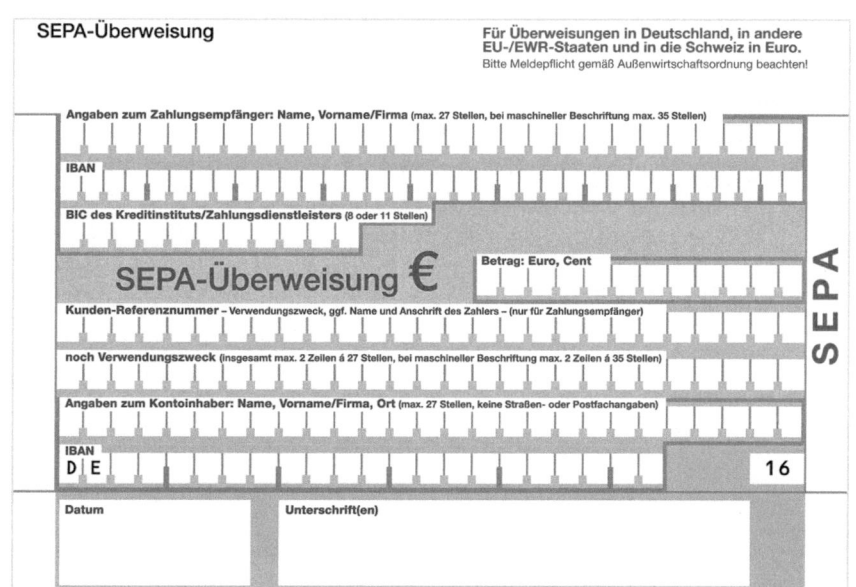

1 **I**nternational **B**anking **A**ccount **N**umber: Zusammengesetzte Zahlenkombination aus dem Ländercode und der Prüfziffer sowie der früheren Kontonummer und Bankleitzahl.

Klasse: _____ Datum: _____ Name: _____

Bargeldloser Zahlungsverkehr: Überweisungsauftrag

Ein Überweisungsvordruck ist einfach auszufüllen. Es muss eingetragen werden:

- Name des Zahlungsempfängers
- IBAN[1]
- Betrag
- Name und IBAN des Zahlenden
- Datum
- Unterschrift des Kontoinhabers

Die BIC (internationale Bankleitzahl) braucht nur bei Auslandsüberweisungen angegeben werden.
Nicht vergessen werden sollten nähere Angaben zur Rechnung, die bezahlt werden muss:

- die Rechnungsnummer oder die Kundennummer
- das Rechnungsdatum

Überweisungen werden immer öfter auch über Online-Banking durchgeführt. Da kann der Kunde die Überweisungen selbstständig am PC durchführen. Dies geht mit einem direkt bei der Hausbank online geführten Girokonto.

> **AnimalsBest**
> *Wir haben das Beste für Ihr Tier*
>
> **Herzlichen Glückwunsch zum gekauften Artikel in unserem Online-Shop**
>
> Sie haben folgenden Artikel am 05.07.2015 gekauft:
> Hundespielzeug im Paket
> Artikelnummer/Rechnungsnummer: 80128012
>
> 06.07.2015
>
> **Rechnung für Artikel:**
>
> | | |
> |---|---|
> | Hundespielzeug im Paket | 11,50 € |
> | Verpackung und Versand | 3,90 € |
> | **Gesamtbetrag** | **15,40 €** |
>
> Das Team von AnimalsBest wünscht Ihnen weiterhin viel Spaß beim Stöbern!
>
> AnimalsBest
> Wiesenstr. 22
> 31138 Hildesheim
>
> IBAN: DE6925950130015044456
> BIC: NOLADE 21HIK (Nur bei Auslandszahlung)
> Sparkasse Hildesheim

Achtung: Überwiesenes Geld kann nicht zurückgeordert werden!
Deshalb immer ganz genau prüfen, ob die Überweisung richtig ausgefüllt ist.

1. *Fülle den Überweisungsträger mithilfe der Daten aus der Rechnung ordnungsgemäß aus.*

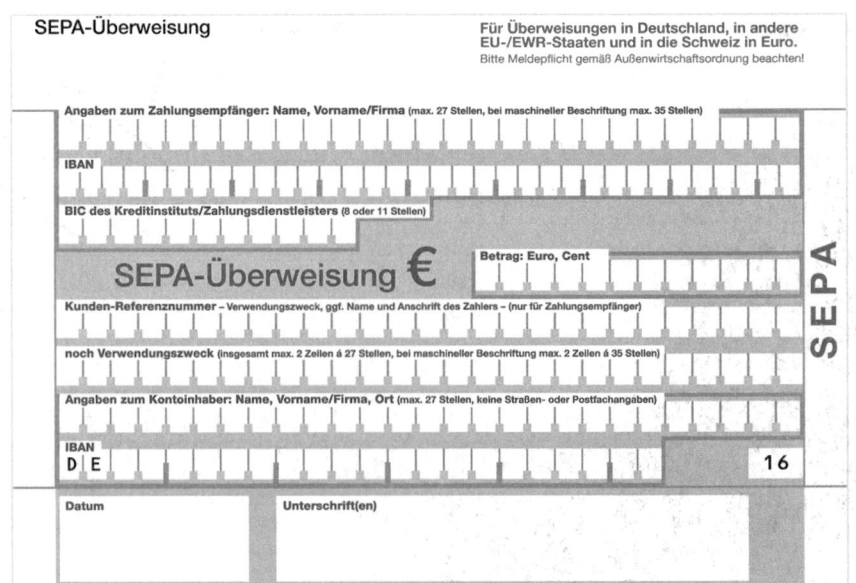

---

1 International Banking Account Number: Zusammengesetzte Zahlenkombination aus dem Ländercode und der Prüfziffer sowie der früheren Kontonummer und Bankleitzahl.

Klasse: _____ Datum: _____ Name: _____

Funktionsweise moderner Zahlungssysteme

Um im Internet sichere Zahlungen ohne Kreditkarte vornehmen zu können, sind Zahlungssysteme wie Paypal oder Paysafe einfache Möglichkeiten.

▶ Paypal ist nur mit einem Referenzkonto[1] (Girokonto) verwendbar, von dem das Geld abgebucht wird. Paypal bietet den Käuferschutz-Service. Bei Problemen mit der Ware oder dem Kauf, wird das Geld an den Käufer zurück erstattet.

▶ Die Paysafecard ist eine Art Prepaid-Karte. Sie wird mit Bargeld in Geschäften gekauft. Mit der darauf enthaltenen PIN ist eine Zahlung im Internet bei den Vertragspartnern auch ohne Girokonto möglich. Der Wert der Zahlung wird von der Karte abgezogen.

Die Zahlungssysteme verbreiten sich immer weiter, weil sie dem Kunden Sicherheit beim Kauf bieten. Private Kontodaten werden nicht über das Internet an den Händler weitergeben. Dies wäre bei einer Online-Überweisung oder Kreditkartenzahlung notwendig. Die Daten könnten von Betrügern genutzt werden, um Geld zu erschwindeln.

1. *Ordne die Textbausteine den Zahlungssystemen zu und trage sie in der Reihenfolge der richtigen Vorgehensweise in die Tabelle ein. Die vier markierten Stichpunkte werden doppelt zugeordnet! Reichen die Leerzeilen nicht für die Antworten zu den Arbeitsaufträgen benutze bitte die Rückseite dieses Blattes.*
  − Händler und Käufer sind beim Zahlungssystem angemeldet
  − Käufer meldet dies beim Zahlungssystem und bekommt sein Geld erstattet
  − Zahlungssystem bucht Kaufpreis vom Referenzkonto ab und bewahrt es auf
  − PIN wird eingegeben
  − Karte wird im Geschäft gekauft
  − **Verkäufer liefert keine oder defekte Ware**
  − **Kauf bei einem Vertragspartner des Zahlungssystems wird getätigt**
  − **Zahlungssystem zahlt den Kaufpreis an den Verkäufer aus**
  − **Ware kommt ordnungsgemäß an**

Paysafecard	Paypal	

1   Der Kunde muss ein Girokonto bei einer Bank haben, damit Paypal Zahlungen vornehmen kann. Dieses Girokonto wird als Referenzkonto bezeichnet.

Autorin: Melanie Spiller

Klasse: _____ Datum: _____ Name: _____

Funktionsweise moderner Zahlungssysteme

Um im Internet sichere Zahlungen ohne Kreditkarte vornehmen zu können, sind Zahlungssysteme wie Paypal oder Paysafe einfache Möglichkeiten.

Paypal ist nur mit einem Referenzkonto (Girokonto) verwendbar, von dem das Geld abgebucht wird. Paypal bietet den Käuferschutz-Service, der bei Problemen mit der Ware oder dem Kauf, das Geld an den Käufer zurück erstattet.

Die Paysafecard ist eine Art Prepaid-Karte. Sie wird mit Bargeld in Geschäften gekauft. Mit der darauf enthaltenen PIN ist eine Zahlung im Internet bei den Vertragspartnern auch ohne Girokonto möglich. Der Wert der Zahlung wird von der Karte abgezogen.

Die Zahlungssysteme verbreiten sich immer weiter, weil sie dem Kunden Sicherheit beim Kauf bieten. Private Kontodaten werden nicht über das Internet an den Händler weitergeben. Dies wäre bei einer Online-Überweisung oder Kreditkartenzahlung notwendig. Die Daten könnten von Betrügern genutzt werden, um Geld zu erschwindeln.

1. *Ordne die Textbausteine den Zahlungssystemen zu und trage sie in der Reihenfolge der richtigen Vorgehensweise in die Tabelle ein. Vier Stichpunkte werden doppelt zugeordnet! Reichen die Leerzeilen nicht für die Antworten zu den Arbeitsaufträgen benutze bitte die Rückseite dieses Blattes.*
- Händler und Käufer sind beim Zahlungssystem angemeldet
- Käufer meldet dies beim Zahlungssystem und bekommt sein Geld erstattet
- Zahlungssystem bucht Kaufpreis vom Referenzkonto ab und bewahrt es auf
- PIN wird eingegeben
- Karte wird im Geschäft gekauft
- Verkäufer liefert keine oder defekte Ware
- Kauf bei einem Vertragspartner des Zahlungssystems wird getätigt
- Zahlungssystem zahlt den Kaufpreis an den Verkäufer aus
- Ware kommt ordnungsgemäß an

Paysafecard	Paypal	

 **Copy 31**

Klasse: _____ Datum: _____ Name: _____

Funktionsweise moderner Zahlungssysteme

Um im Internet sichere Zahlungen ohne Kreditkarte vornehmen zu können, sind Zahlungssysteme wie Paypal oder Paysafe einfache Alternativen. Paypal ist nur mit einem Referenzkonto (Girokonto) verwendbar, von dem das Geld abgebucht wird. Paypal bietet den Käuferschutz-Service, der bei Problemen mit der Ware oder dem Kauf, das Geld an den Käufer zurück erstattet. Die Paysafecard ist eine Art Prepaid-Karte. Sie wird mit Bargeld in Geschäften gekauft. Mit der darauf enthaltenen PIN ist eine Zahlung im Internet bei den Vertragspartnern auch ohne Girokonto möglich. Der Wert der Zahlung wird von der Karte abgezogen. Die Zahlungssysteme verbreiten sich immer weiter, weil sie dem Kunden Sicherheit beim Kauf bieten. Private Kontodaten werden nicht über das Internet an den Händler weitergeben. Dies wäre bei einer Online-Überweisung oder Kreditkartenzahlung notwendig. Die Daten könnten von Betrügern genutzt werden, um Geld zu erschwindeln.

1. *Ordne die Textbausteine den Zahlungssystemen zu und trage sie in der Reihenfolge der richtigen Vorgehensweise in die Tabelle ein. Reichen die Leerzeilen nicht für die Antworten zu den Arbeitsaufträgen benutze bitte die Rückseite dieses Blattes.*
   – Händler und Käufer sind beim Zahlungssystem angemeldet
   – Käufer meldet dies beim Zahlungssystem und bekommt sein Geld erstattet
   – Zahlungssystem bucht Kaufpreis vom Referenzkonto ab und bewahrt es auf
   – PIN wird eingegeben
   – Karte wird im Geschäft gekauft
   – Verkäufer liefert keine oder defekte Ware
   – Kauf bei einem Vertragspartner des Zahlungssystems wird getätigt
   – Zahlungssystem zahlt den Kaufpreis an den Verkäufer aus
   – Ware kommt ordnungsgemäß an

Paysafecard	Paypal	

Autorin: Melanie Spiller

Klasse: _____ Datum: _____ Name: _____

Beliebte Geldanlagen

Viele Menschen möchten Geld sparen. Dabei ist ihnen wichtig, dass sie dafür Zinsen bekommen, um das Geld zu vermehren. Es gibt viele verschiedene Möglichkeiten. Dabei ist Sicherheit vielen Sparern sehr wichtig. Allgemein sollten Sparer bedenken: Je sicherer die Geldanlage ist, desto weniger Zinsen bekommt der Sparer – und umgekehrt.

Es gibt in diesem Bereich sehr unterschiedliche Produkte, sodass eine Beratung durch unabhängige Fachleute wichtig ist.

Mindesteinlage:

Dies ist der Betrag, den der Sparer mindestens anlegen muss.

Ansparphase:

Monatlich zahlt der Bausparer einen fest-gelegten Beitrag in den Vertrag ein. Häufig dauert dieser Zeitab-schnitt sieben Jahre.

Darlehensphase:

Nachdem der Bau-sparer seinen vertrag-lich festgelegten Spar-betrag eingezahlt hat, kann er seine Bau-sparsumme zugeteilt bekommen. Dem Sparbetrag wird ein vertraglich festgelegter Kreditbetrag hinzuge-fügt, dies ergibt die Bausparsumme. Wei-terhin zahlt der Bau-sparer nun monatlich ein, um das Darlehen abzuzahlen. Dieser Zeitabschnitt dauert meistens sieben bis zehn Jahre.

Rendite:

Im Allgemeinen ist die Rendite der Gewinn, den der Sparer oder Anleger mit seinem Geld erzielt. Meistens sind damit die Zinsen gemeint, die der Geld-anleger erhält.

Tagesgeldkonto

Dies ist ein flexibles Konto, bei dem der Kunde täglich bei der Bank sein Geld bekommen kann. Aber es ist ein reines Anlage-konto. Es ist nicht möglich, damit Rechnungen zu überweisen. Die Zinssätze sind flexibel, d. h. die Bank legt sich nicht lange fest. Die meisten Zinsangebote liegen zurzeit zwischen 1 und 3 %. Aber es gibt auch Tagesgeldkonten mit Einschränkungen (z. B. eine **Mindesteinlage).**   Der Kunde bekommt dann die Zusage, dass er ein Anrecht auf den Zinssatz über einen längeren Zeitraum hat. Insgesamt bietet das Tagesgeldkonto dem Kunden viel Flexibilität und Sicherheit. Im Vergleich zum klassischen Sparbuch (nur bis 1 % Zinsen) sind die Zinsen besser.

Bausparvertrag

Dies ist ein Sparmodell, das sich in eine **Ansparphase** und eine **Darlehensphase** gliedert. Über die gesamte Vertragslaufzeit muss der Bausparer monatlich einen festgelegten Betrag einzahlen. Er ist wenig flexibel. Der Bausparvertrag bietet geringe Guthabenzinsen. Aber er hat dennoch Vorteile, wenn der Kunde einen Kredit für Kauf oder Renovierung einer Wohnung oder eines Hauses braucht. Der Staat unterstützt den Bausparvertrag durch Zuschüsse. Der Arbeitgeber zahlt monatlich vermögens-wirksame Leistungen. Wenn ein Immobilienkredit benötigt wird, sichert die Bausparkasse günstige Darlehenszinsen.

Aktienfonds

Dies ist eine Geldanlage von verschiedenen Aktien. Diese sind gruppenweise miteinander verbunden. Gelder werden nicht nur in ein Unternehmen angelegt, sondern in verschiedenen Wirt-schaftsbereichen. So soll erreicht werden, dass die schlechtere wirtschaftliche Entwicklung der einen Branche durch bessere Geschäfte der anderen Branche ausgeglichen werden kann. Für den Sparer können gleichmäßigere Renditen erzielt werden. Das Risiko Verlust mit fallenden Aktienwerten zu machen, ist geringer als bei Einzelaktien. Der Aktienfonds ist eine langfristige, unflexible und eine weniger sichere Geldanlage. Dafür kann ein Aktienfonds höhere **Renditen** bieten.

Klasse: _____ Datum: _____ Name: _____

Beliebte Geldanlagen

1. *Ordne den Anlagemöglichkeiten folgende Stichpunkte zu.*

Vorteile: Flexibel, gute Renditemöglichkeit, Staat unterstützt durch Zuschüsse, günstige Kreditzinsen, relativ gute Rendite, sehr sicher (2x), Vermögenwirksame Leistungen werden eingezahlt (2x)
Nachteile: geringe Guthabenzinsen, teilweise mit Einschränkungen, Sicherheit nicht garantiert, unflexibel (2x), reines Anlagekonto

Geld-anlage	Vorteile	Nachteile
Tages-geld-konto	▪ ▪ ▪	▪ ▪
Bauspar-vertrag	▪ ▪ ▪ ▪	▪ ▪
Aktien-fonds	▪ ▪	▪ ▪

2. *Begründe, warum der Finanzberater den Sparern zu den Geldanlagen geraten hat.*

a) Frau Galle hat geerbt. Das Geld benötigt sie längere Zeit nicht. Nun möchte sie das Vermögen gewinnbringend anlegen. Der Berater empfiehlt ihr einen Aktienfonds. Welche Gründe sprechen dafür?

_____

_____

b) Alena macht eine Ausbildung. Sie spart jeden Monat etwas von ihrem Einkommen. Das Geld möchte sie für den Führerschein und ein Auto sparen. Der Berater empfiehlt ihr ein Tagesgeldkonto. Welche Gründe sprechen dafür?

_____

_____

c) Frau Sommerfeld möchte Geld sicher anlegen. Zurzeit hat sie monatlich Geld über. Bald wird sie heiraten und dann mit ihrem Mann eine Familie gründen. Der Berater empfiehlt ihr einen Bausparvertrag. Welche Gründe sprechen dafür?

_____

_____

_____

Autorin: Melanie Spiller

Von dieser Druckvorlage ist die Vervielfältigung für den eigenen Unterrichtsgebrauch gestattet. Für inhaltliche Veränderungen und Bearbeitungen durch Dritte übernimmt der Verlag keine Verantwortung.

 **Copy 32**

Klasse: _____ Datum: _____ Name: _____

Beliebte Geldanlagen

Um mehr aus den Ersparnissen zu machen, sollte das Geld nicht auf dem Girokonto liegen, sondern gewinnbringend und sicher angelegt werden. Dabei gilt meistens der Grundsatz: Je sicherer die Geldanlage ist, desto weniger Zinsen bekommt der Sparer – und umgekehrt. Es gibt in diesem Bereich sehr unterschiedliche Produkte, sodass eine Beratung durch unabhängige Fachleute wichtig ist.

Tagesgeldkonto
Dies ist ein flexibles Konto. Die Bank legt das Geld auf dem Kapitalmarkt an, aber der Kunde kann täglich über sein Geld verfügen. Zahlungsvorgänge (z. B. Überweisungen) können mit diesem Konto nicht ausgeführt werden. Die Zinssätze sind flexibel, d. h. die Bank legt sich nicht fest. Die meisten Zinsangebote liegen zurzeit zwischen 1 und 3 %. Aber es gibt auch Tagesgeldkonten mit Einschränkungen (z. B. eine **Mindesteinlage**), die dann wiederum einen langfristigen Zinssatz für den Kunden garantieren. Insgesamt bietet das Tagesgeldkonto dem Kunden viel Flexibilität, Sicherheit und im Vergleich zum klassischen Sparbuch höhere Zinsen.

Bausparvertrag
Dies ist ein Sparmodell, das sich in eine **Ansparphase** und eine **Darlehensphase** gliedert. Über die gesamte Vertragslaufzeit muss der Bausparer monatlich einen festgelegten Betrag einzahlen. Der Bausparvertrag bietet vor allem Vorteile, wenn der Kunde einen Kredit für Kauf oder Renovierung einer Wohnung oder eines Hauses braucht. Er ist wenig flexibel und die Guthabenzinsen sind für diese langfristige Geldanlage gering. Der Bausparvertrag bietet aber auch Vorteile: Das Sparen wird durch Zuschüsse vom Staat unterstützt. Der Arbeitgeber zahlt monatlich vermögenswirksame Leistungen. Außerdem sichert die Bausparkasse dem Sparer einen zinsgünstigen Kredit.

Aktienfonds
Der Aktienfonds ist eine langfristige, unflexible und eine weniger sichere Geldanlage. Dafür kann ein Aktienfonds höhere **Renditen** bieten, als ein Tagesgeldkonto oder ein Bausparvertrag. Aber die Wirtschaftskrise hat gezeigt, dass Aktienwerte sehr schnell fallen können. Um Verluste gering zu halten, werden die Gelder eines Aktienfonds in verschiedene Wirtschaftsbereiche investiert.
Die Aktien sind gruppenweise miteinander verbunden. So soll erreicht werden, dass die schlechtere wirtschaftliche Entwicklung der einen Branche durch bessere Geschäfte der anderen Branche ausgeglichen werden kann.

Mindesteinlage:
Dies ist der Betrag, den der Sparer mindestens anlegen muss.

Ansparphase:
Monatlich zahlt der Bausparer einen festgelegten Beitrag in den Vertrag ein. Häufig dauert diese Phase sieben Jahre.

Darlehensphase:
Nachdem der Bausparer seinen vertraglich festgelegten Sparbetrag eingezahlt hat, kann er seine Bausparsumme zugeteilt bekommen. Dem Sparbetrag wird ein vertraglich festgelegter Kreditbetrag hinzugefügt, dies ergibt die Bausparsumme. Weiterhin zahlt der Bausparer nun monatlich ein, um das Darlehen abzuzahlen. Diese Phase dauert meistens sieben bis zehn Jahre.

Rendite:
Im Allgemeinen ist die Rendite der Gewinn, den der Sparer oder Anleger mit seinem Geld erzielt. Meistens sind damit die Zinsen gemeint, die der Geldanleger erhält.

Klasse: _____ Datum: _____ Name: _____

Beliebte Geldanlagen

1. *Werte den Informationstext aus und ordne den Anlagemöglichkeiten Vor- und Nachteile zu. Tipp: Notiere nur Stichworte.*

Geld-anlage	Vorteile	Nachteile
Tages-geld-konto	▪ ▪ ▪	▪ ▪
Bauspar-vertrag	▪ ▪ ▪ ▪	▪ ▪
Aktien-fonds	▪ ▪	▪ ▪

2. *Überlege dir passend zu jeder der drei oben genannten Geldanlagen einen Fall mit einer möglichen Lebenssituation, bei der eine sinnvolle Anlagemöglichkeit gesucht wird.*

a) Tagesgeldkonto

_____

_____

_____

b) Bausparvertrag

_____

_____

_____

c) Aktienfonds

_____

_____

_____

Autorin: Melanie Spiller

Klasse: _____ Datum: _____ Name: _____

Wie kann ich Energie und Wasser sparen?

Julia: „Ich finde dauernd frische Luft gut."
Katja: „Ich finde es gut, ab und zu das
           Fenster ganz weit zu öffnen."

1. *Wer ist die Energiesparerin?*
   Begründe.

_____

_____

_____

2. a) *Was wirkt energiesparend im Wohnraum?*

Bei uns zu Hause
reichen 20 Grad.

Unter 23 Grad fühle
ich mich nicht wohl.
Ich will nicht frieren.

_____

_____

b) *Was kann ich tun, um mit weniger Heizwärme auszukommen? Nenne zwei*
   Möglichkeiten.

1. _____

2. _____

3. *Wie kannst du energiesparend Kochen?*
   Erkläre an einem Beispiel.

_____

_____

4 a) *Welches Verhalten ist wassersparend bei der Toilettennutzung? Erkläre.*

_____

_____

b) *Was ist energie- und wassersparend beim*
   Duschen? Erkläre.

_____

_____

Klasse: _____ Datum: _____ Name: _____

Energie fürs Wohnen

Energieverbrauch* je Haushalt in Deutschland für Wohnen nach Energieträgern in Kilowattstunden

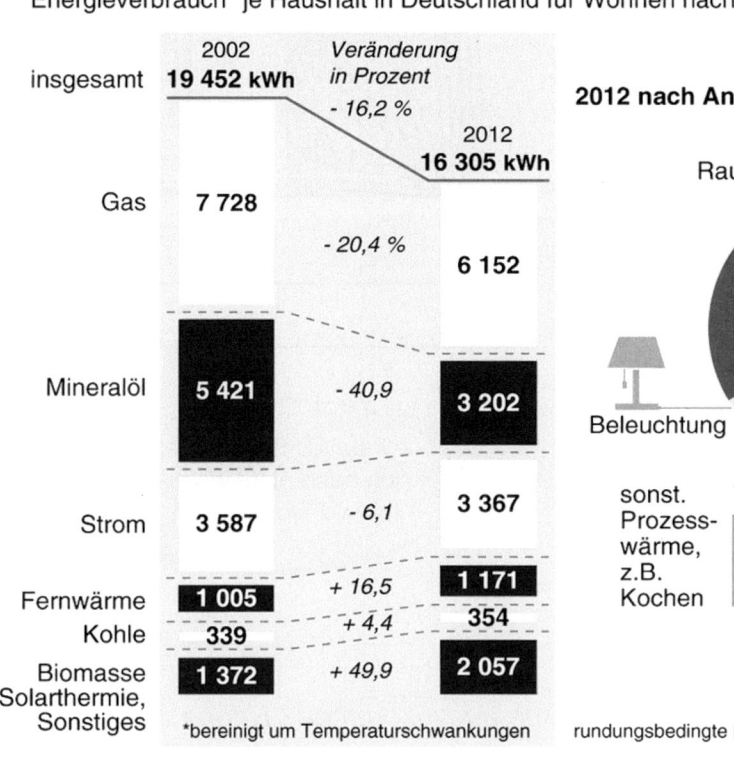

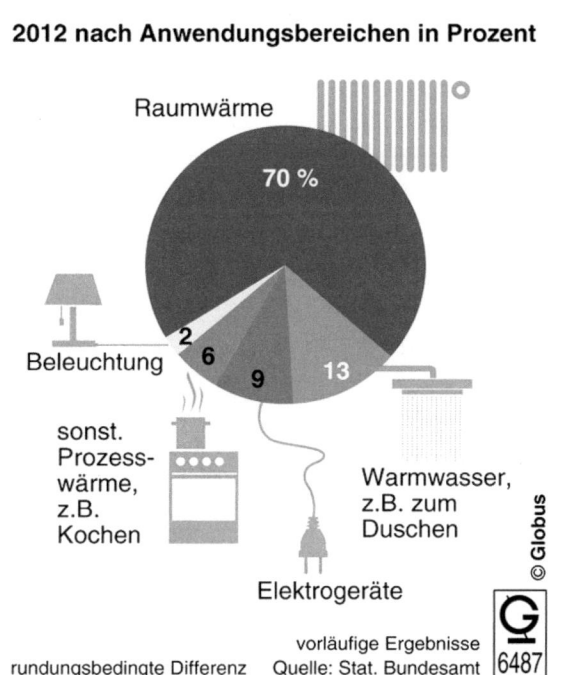

2012 nach Anwendungsbereichen in Prozent

vorläufige Ergebnisse
Quelle: Stat. Bundesamt

rundungsbedingte Differenz

*bereinigt um Temperaturschwankungen

5. *Notiere, womit du im privaten Haushalt weitere Energie sparen kannst. Beachte dabei auch das Kreisdiagramm oben.*

a) *Haushaltsgeräte:* _____

_____

_____

_____

b) *Trocknen, Bügeln:* _____

_____

c) *Warmwasser (auch Waschmaschine und Geschirrspüler):* _____

_____

_____

d) *Beleuchtung:* _____

_____

◼ **Copy 33**

Klasse: _____ Datum: _____ Name: _____

Wie kann ich Energie und Wasser sparen?

Julia: „Ich finde dauernd frische Luft gut."
Katja: „Ich finde es gut, ab und zu das
Fenster ganz weit zu öffnen."

1. *Wer ist die Energiesparerin?
Begründe.*

_____

_____

_____

2. a) *Was wirkt energiesparend im Wohnraum?*

Bei uns zu Hause reichen 20 Grad.

Unter 23 Grad fühle ich mich nicht wohl. Ich will nicht frieren.

_____

b) *Was kann ich tun, um mit weniger Heizwärme auszukommen? Nenne zwei
Möglichkeiten.*

1. _____

2. _____

3. *Wie kannst du energiesparend Kochen oder
Backen? Erkläre an einem Beispiel.*

_____

_____

_____

4 a) *Welches Verhalten ist wassersparend bei der Toilettennutzung? Erkläre.*

_____

_____

b) *Was ist energie- und wassersparend beim
Duschen? Erkläre.*

_____

_____

116

 **Copy 33**

Klasse: _____ Datum: _____ Name: _____

5. *Notiere, womit du im privaten Haushalt weitere Energie sparen kannst. Beachte dabei auch das Kreisdiagramm rechts.*

Energie fürs Wohnen

Energieverbrauch* je Haushalt in Deutschland für Wohnen nach Energieträgern in Kilowattstunden

	2002	Veränderung in Prozent	2012
insgesamt	19 452 kWh	- 16,2 %	16 305 kWh
Gas	7 728	- 20,4 %	6 152
Mineralöl	5 421	- 40,9	3 202
Strom	3 587	- 6,1	3 367
Fernwärme	1 005	+ 16,5	1 171
Kohle	339	+ 4,4	354
Biomasse Solarthermie, Sonstiges	1 372	+ 49,9	2 057

*bereinigt um Temperaturschwankungen

2012 nach Anwendungsbereichen in Prozent

Raumwärme 70 %
Beleuchtung 2
6
9
13
sonst. Prozesswärme, z.B. Kochen
Warmwasser, z.B. zum Duschen
Elektrogeräte

© Globus

vorläufige Ergebnisse
Quelle: Stat. Bundesamt
rundungsbedingte Differenz

G 6487

a) *Haushaltsgeräte:* _____

_____

_____

_____

b) *Trocknen, Bügeln:* _____

_____

_____

c) *Warmwasser (auch Waschmaschine und Geschirrspüler):* _____

_____

_____

d) *Beleuchtung:* _____

_____

6. *Wie wirkt sich die Veränderung des Energieverbrauchs zwischen 2002 und 2012 der Haushalte auf die Umwelt aus?*

_____

_____

Cornelsen

Copy 33

Klasse: _____ Datum: _____ Name: _____

Wie kann ich Energie und Wasser sparen?

Julia: „Ich finde dauernd frische Luft gut."
Katja: „Ich finde es gut, ab und zu das
        Fenster ganz weit zu öffnen."

1. *Wer ist die Energiesparerin?*
    Begründe.

_____

_____

_____

2. a) *Was wirkt energiesparend im Wohnraum?*

Bei uns zu Hause
reichen 20 Grad.

Unter 23 Grad fühle
ich mich nicht wohl.
Ich will nicht frieren.

_____

b) *Was kann ich tun, um mit weniger Heizwärme auszukommen? Nenne zwei*
    Möglichkeiten.

1. _____

2. _____

3. *Wie kannst du energiesparend Kochen oder*
    Backen? Erkläre an einem Beispiel.

_____

_____

_____

4 a) *Welches Verhalten ist wassersparend bei der Toilettennutzung? Erkläre.*

_____

_____

b) *Was ist energie- und wassersparend beim*
    Duschen? Erkläre.

_____

_____

 **Copy 33**

Klasse: _____ Datum: _____ Name: _____

5. *Notiere, wie du im privaten Haushalt zusätzlich Energie sparen kannst. Beachte dabei auch das Kreisdiagramm.*

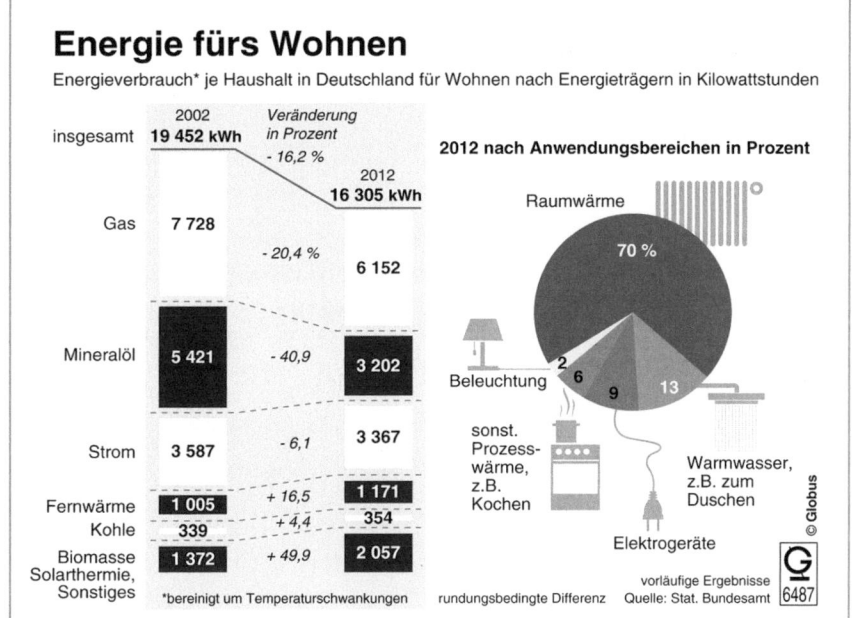

Energie fürs Wohnen

Energieverbrauch* je Haushalt in Deutschland für Wohnen nach Energieträgern in Kilowattstunden

	2002	Veränderung in Prozent	2012
insgesamt	19 452 kWh	- 16,2 %	16 305 kWh
Gas	7 728	- 20,4 %	6 152
Mineralöl	5 421	- 40,9	3 202
Strom	3 587	- 6,1	3 367
Fernwärme	1 005	+ 16,5	1 171
Kohle	339	+ 4,4	354
Biomasse Solarthermie, Sonstiges	1 372	+ 49,9	2 057

*bereinigt um Temperaturschwankungen

2012 nach Anwendungsbereichen in Prozent

Raumwärme 70 %
Beleuchtung 2
6
9
13
sonst. Prozess-wärme, z.B. Kochen
Warmwasser, z.B. zum Duschen
Elektrogeräte

© Globus

vorläufige Ergebnisse
rundungsbedingte Differenz   Quelle: Stat. Bundesamt

G 6487

a) Haushaltsgeräte:

_____

_____

_____

_____

_____

_____

_____

b) Trocknen, Bügeln: _____

_____

_____

c) Warmwasser (auch Waschmaschine und Geschirrspüler): _____

_____

d) Beleuchtung: _____

_____

6. *Wie wirkt sich die Veränderung des Energieverbrauchs zwischen 2002 und 2012 der Haushalte auf die Umwelt aus?*

_____

_____

7. *Welche Anwendungsbereiche der Energienutzung (siehe Grafik) sollten beim Energie sparen besonders beachtet werden?*

_____

_____